Langenscheidt

Chinesisch
in 30 Tagen

Von De-an Wu Swihart

Langenscheidt

Berlin · München · Wien · Zürich · New York

Bildquellennachweis:
Swihart, D.: 33, 46, 153, 197, 271

Übersetzung: Volker Lehmacher, Bonn
Projektmanagement: Franziska Krauße, Tübingen
Umschlaggestaltung: Independent Medien-Design

Umwelthinweis: Gedruckt auf chlorfrei gebleichtem Papier

Ergänzende Hinweise, für die wir jederzeit dankbar sind,
bitten wir zu richten an:
Langenscheidt Verlag, Postfach 40 11 20, 80711 München

www.langenscheidt.de

© 2008 Langenscheidt KG – Berlin und München. Diese
gekürzte Ausgabe eines Originals von Cheng & Tsui Company
Inc., Boston MA., USA wird mit dem Einverständnis von
Cheng & Tsui Company Inc. herausgegeben. Alle Rechte
Cheng & Tsui Company Inc. vorbehalten.

Druck: CS-Druck, Berlin
Printed in Germany
ISBN: 978-3-468-28055-9

Inhalt

Vorwort   **8**

Lektionen 1–3   Pinyin
拼音 *Pīnyīn*

Lektion 1: Teil A   **13**
Die Pinyin-Umschrift ▪ Anlaute ▪ Auslaute ▪
Änderungen der Schreibweise ▪ Töne ▪ Neutraler
Ton ▪ Tonwechsel ▪ Zeichen zur Silbentrennung

Lektion 2: Teil B   **22**
Übungen zur Aussprache

Lektion 3: Teil C   **25**
Übungen; Landeskunde: Umschriftsysteme

Lektionen 4–6   Zählen
数数 *Shǔshù*

Lektion 4: Teil A   **29**
Wortschatz; Zählreime

Lektion 5: Teil B   **34**
Grammatik: Das Adverb 也 **yě** (auch) ▪ Das Satz-
muster mit 是 **shì** (sein) ▪ Positiv-negative Frage-
sätze mit 是不是 **shì bú shì** (Ist das so?/Stimmt
das?)

*Übungen zur Grammatik; Anmerkung zur Aus-
sprache; Übungen zur Aussprache; Landeskunde:*
Einen Abakus verwenden

Lektion 6: Teil C   **48**
Übungen; Landeskunde: Traditionelle Schriftform
chinesischer Zahlen ▪ Zahlen im chinesischen
Aberglauben

| **Lektionen 7–9** | **Geld** |
| | 钱 Qián |

Lektion 7: Teil A   53
Wortschatz; Dialoge

Lektion 8: Teil B   61
Grammatik: Das Fragewort 多少 **duōshao** (wie viel, wie viele) ▪ Das Fragewort 呢 **ne** (..., und ...?) ▪ 二 **èr** (zwei) und 两 **liǎng** (zwei) ▪ 在 **zài** (in; auf; an, bei) + Ortsname ▪ Das Fragewort 哪儿 **nǎr** (wo)

Übungen zur Grammatik; Anmerkung zur Aussprache; Übungen zur Aussprache

Lektion 9: Teil C   72
Übungen; Landeskunde: Chinesische Währung ▪ Geld wechseln in China

| **Lektionen 10–12** | **In der Cafeteria** |
| | 食堂 Shítáng |

Lektion 10: Teil A   76
Wortschatz; Dialoge

Lektion 11: Teil B   83
Grammatik: Die Fragepartikel 吗 **ma** ▪ Das Fragewort 什么 **shénme** (was) ▪ Die Partikel 了 **le** ▪ Das Adverb 都 **dōu**: themen-kommentierter Satz ▪ Positiv-negative Fragen (gebildet mit Verb)

Übungen zur Grammatik; Anmerkung zur Aussprache; Übungen zur Aussprache

Lektion 12: Teil C   95
Übungen; Landeskunde: Begriffe für Kellner und Kellnerin ▪ **shítáng** 食堂 (Cafeteria) ▪ Bankette und Familienessen

| **Lektionen 13–15** | **Im Restaurant** 饭馆 *Fànguǎn* | |

Lektion 13: Teil A
Wortschatz; Dialoge — **101**

Lektion 14: Teil B
Grammatik: Das Adverb (一) 点儿 **(yì) diǎnr** (ein wenig) ▪ Sätze mit ausgelassenem Subjekt ▪ Das Adverb 一共 **yígòng** (insgesamt) — **110**

Übungen zur Grammatik; Anmerkung zur Aussprache; Übungen zur Aussprache

Lektion 15: Teil C
Übungen; Landeskunde: Trinkgeld (小费 **xiǎofèi**) ▪ Chinesisches Essen — **121**

| **Lektionen 16–18** | **Telefonanrufe** 电话 *Diànhuà* | |

Lektion 16: Teil A
Wortschatz; Dialoge; Landeskunde: Telefonkarten — **126**

Lektion 17: Teil B
Grammatik: Das Fragewort 怎么 **zěnme** (wie) ▪ Die Präposition 给 **gěi** (für, an; zu) ▪ 先 **xiān** … 再 **zài** … (erst … dann …) ▪ 太 **tài** … 了 **le** (zu, zu sehr, extrem) ▪ Die Partikel 的 **de** ▪ 在 **zài** als Verb (sich befinden, in/an einem Ort sein) ▪ 您贵姓? **Nín guì xìng?** (Wie heißen Sie?) ▪ 姓 **xìng** (heißen; Nachname) — **138**

Übungen zur Grammatik; Anmerkung zur Aussprache; Übungen zur Aussprache

Lektion 18: Teil C
Übungen; Landeskunde: Chinesische Namen ▪ Öffentliche Telefone — **154**

Lektionen 19–21   Im Hotel
在宾馆 Zài Bīnguǎn

Lektion 19: Teil A   **159**
Wortschatz; Dialoge

Lektion 20: Teil B   **167**
Grammatik: Die Zähleinheitswörter 条 **tiáo**
(lange, dünne Dinge) und 块 **kuài** (Stück,
Klumpen) ▪ Einfache Richtungskomplemente 去
qù (weg)/来 **lái** (hin) ▪ Das Adverb 一会儿 **yí
huìr** (einen Augenblick) ▪ Die Modalverben 能
néng (können, in der Lage sein) und 可以**kěyǐ**
(können, dürfen) ▪ Die Partikel 了 **le**: eine neue
Situation

*Übungen zur Grammatik; Anmerkung zur Aus-
sprache; Übungen zur Aussprache*

Lektion 21: Teil C   **182**
Übungen; Landeskunde: Hotel-Kategorien ▪ Zim-
merprüfung beim Checkout

Lektionen 22–24   Nach dem Weg fragen
问路 Wèn Lù

Lektion 22: Teil A   **186**
Wortschatz; Dialoge

Lektion 23: Teil B   **194**
Grammatik: 在 **zài** (in; auf; an, bei / sich befin-
den) ▪ Sätze mit ausgelassenem Subjekt ▪ Nach
links wenden/nach rechts wenden ▪ 在 **zài**, 是
shì und 有 **yǒu**

*Übungen zur Grammatik; Anmerkung zur Aus-
sprache; Übungen zur Aussprache*

Lektion 24: Teil C   **208**
Übungen; Landeskunde: Stadtbezirke ▪ Straßen-
namen und Richtungen

Lektionen 25–27 — Die Zeit angeben
几点? *Jǐ diǎn?*

Lektion 25: Teil A — **213**
  Wortschatz; Dialoge

Lektion 26: Teil B — **222**
  Grammatik: Zeitangaben im Satz ▪ 是 **shì** in Zeitbestimmungen ▪ Verb-Objekt Wörter als intransitive Verben ▪ vor/nach ▪ oft/manchmal

  Übungen zur Grammatik; Anmerkung zur Aussprache; Übungen zur Aussprache

Lektion 27: Teil C — **236**
  Übungen; Landeskunde: Offizielle und private Zeitangabe ▪ Öffnungszeiten von Geschäften, Restaurants und Ämtern

Lektionen 28–30 — Kalender
日历 *Rìlì*

Lektion 28: Teil A — **241**
  Wortschatz; Dialoge

Lektion 29: Teil B — **253**
  Grammatik: Die Wochentage ▪ Zeitangaben ▪ Zähleinheitswörter im Datum ▪ Monate ▪ Reihenfolge von Jahren, Monaten und Tagen ▪ Das Satzmuster 是 **shì** … 的 **de** ▪ Wie man Jahreszahlen ausspricht
  Übungen zur Grammatik; Anmerkung zur Aussprache; Übungen zur Aussprache

Lektion 30: Teil C — **266**
  Übungen; Landeskunde: Chinesischer Kalender ▪ Chinesische Tierkreiszeichen (生肖 **shēngxiào**) ▪ Traditionelle chinesische Feste

Schlüssel zu den Übungen — **274**

Wörterverzeichnis — **289**

Vorwort

Chinesisch in 30 Tagen ist ein Selbstlernkurs, durch den Ihnen in kürzester Zeit solide Grundkenntnisse der chinesischen Sprache vermittelt werden. Mit diesem Buch lernen Sie Chinesisch Schritt für Schritt in einer logischen Abfolge. Sprache und Themen des Buchs sind aus authentischen Situationen gebildet, damit Sie das lernen, was Sie wirklich benötigen und schnell Lernerfolge erzielen können. In 30 Lektionen erwerben Sie aktive und passive Sprachkenntnisse, die Ihnen effektiv die Teilnahme am chinesischen Alltagsleben ermöglichen.

Auf den Audio-CDs finden Sie Vokabeln, Dialoge und Übungen. Wo immer Sie ein 🖸 sehen, finden Sie dazu passend eine Audioaufnahme, die Ihnen erklärt, wie Wörter ausgesprochen werden, Ihnen einen Dialog vorträgt oder eine interaktive Hörverständnisübung bietet. Jede Übung hat eine eigene Trackbezeichnung, die unter dem CD-Symbol vermerkt ist. So können Sie sich leicht auf der CD orientieren und schnell zu Übungszwecken zu früheren Übungen springen.

Die 30 Lektionen bestehen aus 10 alltagsrelevanten Themen, die jeweils in drei Lektionen unterteilt sind. Die Lektionen sind von 1-30 durchnummeriert und ihren Inhalten entsprechend in Teil A, Teil B und Teil C eingeteilt.

Teil A

Die erste Lektion eines Themas, Teil A, bringt Ihnen die für dieses Thema wichtigen Vokabeln bei. Zu diesen Vokabeln finden Sie Audioaufnahmen, um Ihr Hörverständnis zu schulen und Ausspracheübungen zu ermöglichen. Am Ende der Vokabellektionen stehen ein oder zwei kurze Dialoge, in denen die Vokabeln im Kontext angewendet werden. Hier werden auch schon die grammatischen Probleme eingeführt, die in Teil B erklärt werden.

Teil B

Die nächste Lektion, Teil B, konzentriert sich auf die Grammatik. Bevor Sie zu diesem neuen Material weiter gehen, sollten Sie sich etwas Zeit nehmen, um die Vokabeln und Dialoge aus Teil A zu verinnerlichen. Durch eine derartige Nachbereitung werden Sie effektiver lernen und bereits Gelerntes besser behalten.

In Teil B lernen Sie wichtige Regeln der Grammatik, Satzstruktur und Aussprache. Die Regeln haben direkten Bezug zu den Dialogen, so dass Sie die Grammatik direkt im Kontext sehen. Die Übungen zur Grammatik geben Ihnen die Gelegenheit, die neu gelernten Regeln zu vertiefen und selbst anzuwenden.

Teil C

Die dritte Lektion, Teil C, umfasst Übungen und Informationen über die chinesische Kultur und Landeskunde. Bevor Sie mit Teil C anfangen, sollten Sie Vokabular und Grammatik aus den beiden vorangehenden Lektionen beherrschen. Lesen Sie noch einmal die Dialoge, hören Sie sich noch einmal die Audioaufnahmen an, stellen Sie sicher, dass Sie die grammatischen Regeln wirklich verstanden haben. Gehen Sie dann weiter zu den Hörverstehens-, Lese-, Schreib- und Sprechübungen in Teil C.

Nachdem Sie die Übungen in Teil C erledigt und überprüft haben, ist das Thema abgeschlossen. Im nächsten Kapitel fängt ein neues Thema an, wieder mit einem „Teil A", in dem neue Vokabeln und Dialoge vorgestellt werden.

Mandarin

Wenn Sie schon einmal chinesisches Fernsehen gesehen haben, wird Ihnen aufgefallen sein, dass auch normale chinesische Sendungen oft chinesische Untertitel haben. Warum ist das so?

Das liegt daran, dass es in China viele regionale Dialekte gibt, deren Aussprache sich in etwa so stark unterscheiden kann, wie sich Italienisch von Portugiesisch unterscheidet. Die Schriftzeichen sind jedoch überall in China gleich, und sogar überall, wo Chinesisch gesprochen wird.

Für viele Jahrhunderte war Mandarin (**Guānhuà** 官话) der offizielle Dialekt des kaiserlichen China, den alle Beamten im Land zu sprechen hatten. 1919 wurde Mandarin dann zur Nationalsprache (**Guóyǔ** 国语) erklärt, mit der Aussprache von Peking als Standard für die Betonung, und dem nordchinesischen Dialekt als Grundlage für Vokabular und Grammatik. Seit Gründung der Volksrepublik China im Jahre 1949 wird Mandarin als Gemeinsprache (**Pǔtōnghuà** 普通话) bezeichnet; auf Taiwan wird weiterhin der Begriff **Guóyǔ** verwendet.

Heutzutage ist Mandarin der Standard für die chinesische Sprache und offizielles Kommunikationsmittel in ganz China. Für die Einwohner von 14 Provinzen, ingesamt 73% der chinesischen Bevölkerung, ist Mandarin auch die lokale Umgangssprache. Die Sprache, die Sie in diesem Buch lernen werden, ist Mandarin.

Das Chinesische besteht aus sieben Hauptdialekten: dem nordchinesischen Dialekt, der auch als Mandarin bezeichnet wird, sowie sechs weiteren Hauptdialekten, die jeweils die Muttersprache für eine oder zwei Provinzen in Südost-China stellen.

Diese chinesischen Hauptdialekte sind:

Nordchinesischer Dialekt

Der nordchinesische Dialekt (**Běifāng fāngyán** 北方方言) (gesprochen von 73% der Chinesen) wird in vielen Provinzen gesprochen, darunter Hebei, Henan, Shandong, Shaanxi, Shanxi, Yunnan, Guizhou, Sichuan, Anhui, Hubei und das nördliche Jiangsu.

Der Wu Dialekt

Der **Wú** 吳 Dialekt (gesprochen von 8% der Chinesen) wird in der Gegend von Jiangsu und Shanghai gesprochen. Wu ist der alte Name für die Provinz Jiangsu.

Der Xiang Dialekt

Der **Xiāng** 湘 Dialekt (gesprochen von 5% der Chinesen) wird in der Provinz Hunan gesprochen. Xiang ist der ursprüngliche Name der Provinz Hunan.

Der Yue Dialekt

Der **Yuè** 粤 Dialekt, auch Kantonesisch genannt (**Guǎngdōnghuà** 广东话), (gesprochen von 5% der Chinesen) ist zentriert auf die Provinz Guangdong, Hongkong, Macao und Singapur. Dieser Dialekt wird von vielen Auslandschinesen überall in der Welt gesprochen.

Der Hakka Dialekt

Der Hakka Dialekt (**Kèjiāhuà** 客家话) (gesprochen von
4,3% der Chinesen) wird in Guangxi, Fujian, Singapur
und Taiwan verwendet.

Der Gan Dialekt

Der **Gàn** 赣 Dialekt (**Jiāngxīhuà** 江西话) (gesprochen
von 1,7% der Chinesen) wird in und um Jiangxi genutzt.
Gan ist der traditionelle Name der Provinz Jiangxi.

Der Min Dialekt

Der **Mǐn** 闽 Dialekt teilt sich in den nördlichen Min-
Dialekt und den südlichen Min-Dialekt auf. Zwei Prozent
der Chinesen sprechen den südlichen Min-Dialekt, diese
leben im südlichen Teil der Provinz Fujian, im Gebiet
um die Unterprovinzstadt Xiamen, auf Taiwan und in
Singapur. Diesen Dialekt nennt man auch **Mǐnnánhuà** 闽
南话 oder **Xiàménhuà** 厦门话. Ein Prozent der Chine-
sen sprechen den nördlichen Min-Dialekt, diese leben im
nördlichen Teil der Provinz Fujian, um die Provinzhaupt-
stadt Fuzhou.

LEKTION

Pinyin: Teil A

1

Die Pinyin-Umschrift

Pinyin ist ein phonetisches Umschriftsystem für die chinesische Sprache, dem die nationale Standardaussprache zu Grunde liegt. Es wurde 1958 offiziell durch die chinesische Regierung eingeführt, um den Dialektsprechern das Erlernen der Standardsprache zu erleichtern und ist inzwischen auch internationaler Standard für die Umschrift der chinesischen Sprache. Es wird heutzutage auf Straßenschildern genutzt, auf Geschäftsschildern und in Buchtiteln, ebenso in Büchern, Zeitschriften und Zeitungen, die sich an Ausländer richten. Pinyin wird auch genutzt, um Schriftzeichen auf dem Computer einzugeben. Pinyin hilft Ausländern dabei, chinesische Schriftzeichen korrekt auszusprechen.

Eine Pinyin-Silbe besteht aus drei Komponenten: einem Anlaut, einem Auslaut und einem Betonungszeichen. Es gibt 21 Anlaute, 37 Auslaute und vier Töne.

Alle Buchstaben des Alphabets (außer "v") werden genutzt. In diesem Lehrbuch werden wir die deutsche Aussprache verwenden, um Pinyin zu erlernen. Denken Sie aber daran, dass viele Laute des Pinyin sich leicht vom Deutschen unterscheiden oder im Deutschen keine genaue Entsprechung haben.

Anlaute

Anlaute sind den deutschen Konsonanten ähnlich, allerdings können Konsonanten überall im Wort vorkommen, während Anlaute immer am Anfang einer Silbe stehen. Man kann Anlaute entsprechend ihren phonetischen Eigenschaften in sechs Gruppen einteilen.

▶

13

Lektion 1 — Pinyin: Teil A

b, p, m, f

Anlaut	Aussprache	Beispiel für chinesische Silbe
b-	wie in **B**uch	bu
p-	wie in **P**aket, stark behaucht	po
m-	wie in **M**arkt	ma
f-	wie in **f**ahren	fa

d, t, n, l

Anlaut	Aussprache	Beispiel für chinesische Silbe
d-	wie in **d**ein	de
t-	wie in **T**ag, stark behaucht	ta
n-	wie in **n**ehmen	ni
l-	wie in **l**ieben	li

g, k, h

Anlaut	Aussprache	Beispiel für chinesische Silbe
g-	wie in **g**anz	ge
k-	wie in **k**lein, stark behaucht	ka
h-	ähnlich wie in bu**ch**en, etwas schwächer	he

Pinyin: Teil A

j, q, x

Anlaut	Aussprache	Beispiel für chinesische Silbe
j-	ähnlich wie in Mädchen, weicher	ji
q-	wie in **tj**a, stark behaucht	qi
x-	wie in Kü**ch**e, stark behaucht	xi

z, c, s

Anlaut	Aussprache	Beispiel für chinesische Silbe
z-	wie in Lan**ds**mann, stimmhaft	za
c-	wie in Bli**tz**, stark behaucht	ca
s-	wie in wei**ß**	sa

zh, ch, sh, r

Bei diesen Anlauten ist die Zungenspitze nach oben gewölbt.

Anlaut	Aussprache	Beispiel für chinesische Silbe
zh-	wie in **Dsch**ungel, stimmhaft	zhi
ch-	wie in dolme**tsch**en, stark behaucht	chi
sh-	wie in **sch**ön	shu
r-	wie in **r**ed (Englisch)	re

Lektion 1 — Pinyin: Teil A

Auslaute

1/02

Auslaut	Aussprache	Beispiel für chinesische Silbe
-a	wie in n**ah**	ba
-ai	wie in l**ei**se	dai
-an	wie in w**ann**	fan
-ang	wie in **Ang**el	fang
-ao	ähnlich wie in H**au**s, auf offenem o endend	bao
-e	ähnlich wie in dank**e**; nach i, u, y wie in **ä**lter	ne ye
-ei	wie in h**ey**	lei
-en	wie in lach**en**	men
-eng	ähnlich wie in **eng**agieren, offenes o gefolgt von ng	meng
-er	ähnlich wie in c**ar** (Englisch), zwischen er und ar	er
-i	wie in China; -i wird nach s, c, z, sh, ch, zh, r nicht gesprochen, sondern Anlaut wird lange stimmhaft gesprochen	bi zhi
-ia	wie **ja**	jia
-ian	wie in Amb**ien**te	tian
-iang	ähnlich wie **young** (Englisch)	xiang
-iao	wie in m**iau**	qiao
-ie	ähnlich wie in **je**tzt	jie
-in	wie in **In**halt	nin
-ing	wie in R**ing**	ming
-iong	wie **jung**	xiong

-iu	kurzes i + ou	liu
-o	ähnlich wie in **P**o**st**, dem offenen o geht ein kurzes u voran	po
-ong	wie in Prüf**ung**	cong
-ou	wie in sh**ow** (Englisch)	lou
-u	wie in Fl**u**g	fu
-ua	ähnlich wie in **Gua**ve, sehr kurzes u + langes a	hua
-uai	wie **why** (Englisch)	guai
-uan	ähnlich wie in R**uan**da, sehr kurzes u + an	guan
-uang	kurzes u + ang	guang
-ueng	kurzes u + eng	weng
-ui	wie **way** (Englisch)	shui
-un	wie in **un**ten	lun
-uo	wie in **wa**ter (Englisch), kurzes u, gefolgt von offenem o	guo
-ü	wie in **ü**ben	nü
-üan	kurzes ü + kurzes än	yuan
-üe	kurzes ü + ä	que
-ün	ähnlich wie in gr**ün**	jun

Änderungen der Schreibweise

Die Auslaute i, u und ü

Wenn den Vokalen i, u und ü kein Anlaut vorsteht, ändert sich die Schreibweise:

i → yi, u → wu, ü → yu

Wenn Doppellauten oder Auslauten mit nasaler Endung kein Anlaut vorsteht, ändert sich die Schreibweise:

i → y: ia → ya, ie → ye, iao → yao, iou → you,
ian → yan, in → yin, ing → ying,
iang → yang, iong → yong

u → w: ua → wa, uo → wo, u → wu, uai → wai,
uei → wei, uan → wan, un → wen,
uang → wang, ueng → weng

ü → yu: üe → yue, üan → yuan, ün → yun

Wenn ü nach den Anlauten j-, q- oder x- folgt, schreibt man ein u, aber man spricht ein ü:

ü → u:	ju	juan	jue	jun
ü → u:	qu	quan	que	qun
ü → u:	xu	xuan	xue	xun

Pinyin: Teil A Lektion 1

Töne

Jede Silbe im Chinesischen hat eine Betonung. Im gesprochenen Chinesisch beeinflusst die Betonung die Bedeutung. Als Beispiel: „qu" im 3. Ton bedeutet *ein Mann heiratet eine Frau*, „qu" im 4. Ton bedeutet *gehen*.

Die folgende Darstellung veranschaulicht die vier Töne:

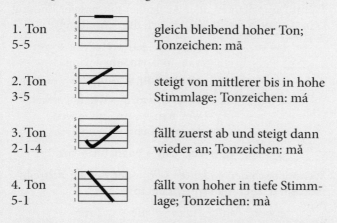

1. Ton
5-5
gleich bleibend hoher Ton;
Tonzeichen: mā

2. Ton
3-5
steigt von mittlerer bis in hohe Stimmlage; Tonzeichen: má

3. Ton
2-1-4
fällt zuerst ab und steigt dann wieder an; Tonzeichen: mǎ

4. Ton
5-1
fällt von hoher in tiefe Stimmlage; Tonzeichen: mà

Im Pinyin wird das Betonungszeichen über den Vokal geschrieben. Wenn zwei Vokale im Auslaut vorkommen, wird das Zeichen über den ersten Vokal gesetzt, außer bei „i", „u" und „ü", hier wird es über den zweiten Vokal gesetzt. Beispiele: liù, duì, yuán. Chinesische Schriftzeichen werden ohne Betonungszeichen geschrieben.

Auf der CD hören Sie die vier verschiedenen Töne von „ma":

1/03

mā	má	mǎ	mà
妈 Mutter	麻 Hanf	马 Pferd	骂 fluchen

19

Lektion 1　　　　　　　　　　　　　　　　　　　　　　Pinyin: Teil A

Neutraler Ton

Es gibt auch einen neutralen Ton, unbetont und ohne Betonungszeichen. Ein neutraler Ton folgt immer einem Hauptton und steht nie am Anfang eines Ausdrucks:
tā de　　sein　　(1. Ton gefolgt von neutralem Ton)
tāmen de ihr　　(1. Ton gefolgt von 2 neutralen Tönen)

Neutrale Töne sind kürzer und leichter als Haupttöne. Es gibt jedoch zwei Tonhöhen, abhängig vom Ton der vorangehenden Silbe:

Niedrige neutrale Töne

Wenn ein neutraler Ton auf einen 1., 2. oder 4. Ton folgt, wird er in einer niedrigeren Tonhöhe ausgesprochen:
gēge　　älterer Bruder
yéye　　Großvater

Hohe neutrale Töne

Wenn ein neutraler Ton auf einen 3. Ton folgt, wird er in einer höheren Tonhöhe ausgesprochen:
jiějie　　ältere Schwester
wǎnshang　Abend

Tonwechsel

Yī (eins), **qī** (sieben), **bā** (acht), **bù** (nein; nicht) können verschiedene Töne haben. Beachten Sie:

1. **Yī** kann drei verschiedene Töne haben: 1. Ton (wenn alleine verwendet), 2. Ton (wenn vor einem 4. Ton verwendet) oder 4. Ton (wenn vor einem 1., 2. oder 3. Ton verwendet).

2. **Qī** und **bā** können je zwei Töne haben: den 1. Ton oder den 2. Ton (wenn vor einem 4. Ton verwendet).

3. **Bù** kann im 4. Ton oder im 2. Ton (wenn vor einem 4. Ton verwendet) stehen.

Pinyin: Teil A Lektion 1

3+3 → 2+3

Wenn ein 3. Ton auf einen 3. Ton folgt, wird der erste 3. Ton als 2. Ton ausgesprochen. Das geschriebene Betonungszeichen ändert sich aber nicht:

nǐ hǎo → **ní hǎo**   Guten Tag; Hallo
hěn měi → **hén měi**   sehr schön

Halber 3. Ton

Wenn ein 3. Ton vor einem 1., 2. oder 4. Ton steht, wird der 3. Ton als halber 3. Ton ausgesprochen (der nur abfällt, aber nicht ansteigt). Das geschriebene Betonungszeichen ändert sich auch hier nicht:

měi tiān   jeden Tag
Fǎguó   Frankreich
mǎi piào   eine Eintrittskarte kaufen

Zeichen zur Silbentrennung

Wenn eine mit „a", „o" oder „e" anfangende Silbe auf eine andere Silbe folgt und daher zu Unklarheit über die Trennung der Silben führen könnte, so wird ein Apostroph (') vor die zweite Silbe gesetzt.

Beispiel: **Xī'ān** (西安 ein Stadtname)
ähnlich zu: **xiān** (先 zuerst).

Jeder der drei Bestandteile chinesischer Silben—Anlaut, Auslaut und Ton—ist wichtig. Die falsche Aussprache eines der Bestandteile kann zu Missverständnissen führen. Achten Sie auf die Betonung jeder Silbe und üben Sie die Töne schon am Anfang Ihres Chinesischstudiums. Damit schaffen Sie eine solide Grundlage für effektive Kommunikation auf Chinesisch.

LEKTION

2 | Pinyin: Teil B

Übungen zur Aussprache

1/05

Übung 1

Lesen Sie die folgenden Silben laut vor, achten Sie darauf, dass Sie die Töne richtig aussprechen. Überprüfen Sie Ihre Aussprache durch die CD.

1) yī - yí - yǐ - yì   yì - yǐ - yí - yī

2) ē - é - ě - è   è - ě - é - ē

3) shī - shí - shǐ - shì   shì - shǐ - shí - shī

4) dā - dá - dǎ - dà   dà - dǎ - dá - dā

5) wū - wú - wǔ - wù   wù - wǔ - wú - wū

6) liū - liú - liǔ - liù   liù - liǔ - liú - liū

7) qī - qí - qǐ - qì   qì - qǐ - qí - qī

Pinyin: Teil B   Lektion 2

Lesen Sie die folgenden chinesischen Nachnamen laut vor. Überprüfen Sie Ihre Aussprache durch die CD. Vor jedem Namen wird die entsprechende Zahl in Chinesisch vorgelesen. Diese werden Sie später noch lernen.

1/06

Übung 2

1) Chén	7) Jiǎ	13) Liú	19) Xiè
2) Dèng	8) Jīn	14) Mèng	20) Yáng
3) Féng	9) Kǒng	15) Shěn	21) Zhāng
4) Gāo	10) Lǐ	16) Sūn	22) Zhào
5) Guō	11) Liáng	17) Tián	23) Zhèng
6) Huáng	12) Lín	18) Wú	24) Zhōu

Lesen Sie die folgenden Wörter laut vor. Achten Sie besonders auf die Töne. Überprüfen Sie Ihre Aussprache durch die CD.

1/07

Übung 3

1+1:

fēijī (Flugzeug)   shāfā (Sofa)   shūbāo (Schultasche)
Xiāngshān (Xiangshan-Park)   huāshēng (Erdnuss)

1+1+1:

Zhījiāgē (Chicago)

2+2:

Chángchéng (Große Mauer)   shítáng (Mensa)   yínháng (Bank)   yóutiáo (frittiertes Brot)   Huánghé (Gelber Fluss)

2+2+2

Yíhéyuán (Sommerpalast)

4+4:

fàndiàn (Hotel)   sùshè (Wohnheim)   diànhuà (Telefon)
bàogào (Bericht)   zàijiàn (Auf Wiedersehen)

4+4+4:

diànshìjù (Fernsehserie)

23

1/08

Übung 4

Jede Silbe unten hat einen Anlaut und einen Auslaut, die zusammen ein Wort ergeben. Lesen Sie erst die An- und Auslaute einzeln vor, dann als ganzes Wort. Überprüfen Sie Ihre Aussprache durch die CD.

Gruppe A	Gruppe B	Gruppe C
w -àn	zh -āng	ch -én
j -iāng	l -ín	x -iè
m -èng	d -ù	f -āng

1/09

Übung 5

Lesen Sie die folgenden Wörter und Ausdrücke laut vor. In jedem kommt ein hoher oder niedriger neutraler Ton vor. Achten Sie auf den Unterschied zwischen hohen und niedrigen neutralen Tönen. Überprüfen Sie Ihre Aussprache durch die CD.

<u>Niedrige neutrale Töne:</u>

1) māma (Mutter)
2) shūshu (Onkel)
3) gēge (älterer Bruder)
4) jīnzi (Gold)
5) xiānsheng (Herr)
6) yéye (Großvater)
7) bóbo (Onkel)
8) háizi (Kind)
9) yínzi (Silber)
10) shénme (was)
11) dìdi (jüngerer Bruder)
12) kàn le (gesehen)
13) bàba (Vater)
14) xièxie (danke)
15) mèimei (jüngere Schwester)

<u>Hohe neutrale Töne:</u>

16) nǎinai (Großmutter)
17) jiějie (ältere Schwester)
18) zǒu zhe (gehen)
19) wǒ de (meins)
20) nǐ de (deins)

LEKTION

Pinyin: Teil C

3

Hören Sie die folgenden Ländernamen und schreiben Sie diese in Pinyin mit Betonungszeichen auf. Achten Sie besonders auf die Laute j, q, x, zh, ch, sh und r.

1/10

Übung 1

1) China_____

2) Hongkong _____

3) Singapur _____

4) Schweden _____

5) Korea_____

6) Japan _____

7) Schweiz _____

8) Kanada _____

9) Spanien _____

10) Schottland _____

Hören Sie die folgenden Städtenamen und setzen Sie die Betonungszeichen über die korrekten Vokale.

1/11

Übung 2

1) Xi'an
2) Wuhan
3) Nanjing
4) Guilin
5) Chengdu
6) Changchun
7) Wulumuqi
8) Shenyang
9) Shijiazhuang
10) Zhengzhou
11) Hefei
12) Nanchang
13) Changsha
14) Hangzhou
15) Taiyuan
16) Fuzhou
17) Guangzhou
18) Kunming

▶

25

19) Guiyang	22) Xining	25) Shenzhen
20) Nanning	23) Lasa (Lhasa)	26) Suzhou
21) Lanzhou	24) Yinchuan	

1/12

Übung 3

Lesen Sie die Namen der chinesischen Provinzen laut vor, achten Sie vor allem auf die Töne. Überprüfen Sie Ihre Aussprache durch die CD.

1) Héběi	11) Gānsù	21) Fújiàn
2) Hénán	12) Qīnghǎi	22) Yúnnán
3) Shānxī*	13) Xīnjiāng	23) Guǎngdōng
4) Shǎnxī**	14) Sìchuān	24) Guǎngxī
5) Hēilóngjiāng	15) Ānhuī	25) Xīzàng
6) Jílín	16) Húběi	26) Nèi Měnggǔ
7) Shāndōng	17) Húnán	27) Běijīng
8) Liáoníng	18) Zhéjiāng	28) Shànghǎi
9) Jiāngsū	19) Jiāngxī	29) Tiānjīn
10) Níngxià	20) Guìzhōu	30) Chóngqìng

* manchmal auch „Shanxi" geschrieben

** manchmal auch Shaanxi" geschrieben

Übung 4

Ändern Sie die folgenden Wörter so, dass die korrekte Schreibweise von „i", „u" und „ü" am Silbenanfang verwendet wird.

1) īngguó (England)
2) iángzhōu (Stadtname)
3) Mr. Uang (Nachname)
4) uǒ (ich)
5) üènán (Vietnam)
6) iě (auch)

Pinyin: Teil C   Lektion 3

7) ǔ (fünf)   11) iǒu (haben)
8) uèi (Hallo)   12) īn-iáng (das Prinzip
9) ī (eins)   der beiden natürlichen
10) üán (¥1,00)   Gegensätze)

Unterstreichen Sie in den folgenden Wörtern alle Anlaute.

1)   Yǒuyì Shāngdiàn (Freundschaftsladen)

2)   Hǎidiàn (Stadtviertel in Peking)

3)   Gùgōng (Palastmuseum)

4)   Tiān'ānmén (Tiananmen-Platz, Peking)

5)   Tiāntán (Himmelstempel)

6)   Hóngqiáo Shìchǎng (Perlenmarkt, Peking)

7)   Xiùshuǐ Dōngjiē (Seidenmarkt, Peking)

8)   Yíhéyuán (Sommerpalast)

9)   Chángchéng (Große Mauer)

10) Shísānlíng (Minggräber)

11) Dàshǐguǎn (Botschaft)

12) Pānjiāyuán (Panjiayuan Antiquitätenmarkt, Peking)

Übung 5

Umschriftsysteme

Zusätzlich zu Pinyin gibt es noch zwei weitere Umschriftsysteme, die heute noch genutzt werden.

Das Wade-Giles System

Das Wade-Giles System ist ein anderes phonetisches Umschriftsystem für die chinesische Sprache, auch basierend auf dem lateinischen Alphabet. Es wurde von Thomas F. Wade entwickelt, der von 1841 bis 1875 an britischen Botschaften in China und Hongkong gearbeitet hat. 1867 veröffentlichte er ein Lehrbuch für chinesische Aussprache, basierend auf der von ihm entwickelten Umschrift. Dieses System wurde später von einem anderen britischen Diplomaten, Herbert A. Giles, überarbeitet. Das Wade-Giles System war bis 1978 das Standardsystem für die Umschrift des Chinesischen in Lateinschrift, bis die Vereinten Nationen Pinyin als neuen Standard anerkannten.

Mandarin Phonetic Symbols (MPS)

Die Mandarin Phonetic Symbols (MPS) bestehen aus 39 phonetischen Zeichen, die den traditionellen chinesischen Schriftzeichen entlehnt sind. Die Symbole wurden 1913 entwickelt und 1918 durch das chinesische Bildungsministerium eingeführt. Sie wurden in China bis 1958 verwendet, danach von Pinyin abgelöst. Sie werden bis heute noch in Taiwan verwendet.

Zählen: Teil A

LEKTION 4

Wortschatz I • 生词一

1/13

Schriftzeichen	Pinyin	Deutsch
数	shǔ	zählen
数	shù	Zahl
你	nǐ	du
我	wǒ	ich
也	yě	auch
一	yī	eins
二	èr	zwei
三	sān	drei
四	sì	vier
五	wǔ	fünf
六	liù	sechs
七	qī	sieben
八	bā	acht
九	jiǔ	neun
十	shí	zehn
加	jiā	addieren; plus
是	shì	sein; ja, korrekt, richtig

Lektion 4 Zählen: Teil A

Zählreim I

你也数，我也数，
Nǐ yě shǔ, wǒ yě shǔ,

一二三四五。
yī, èr, sān, sì, wǔ.

你也加，我也加，
Nǐ yě jiā, wǒ yě jiā,

四五六七八。
sì, wǔ, liù, qī, bā.

九是四加五。
Jiǔ shì sì jiā wǔ.

十是二加八。
Shí shì èr jiā bā.

Übersetzung des Zählreims I

Du zählst auch, ich zähle auch,
eins, zwei, drei, vier, fünf.
Du addierst auch, ich addiere auch,
vier, fünf, sechs, sieben, acht.
Neun ist vier plus fünf.
Zehn ist zwei plus acht.

Zählen: Teil A — Lektion 4

Wortschatz II • 生词二

1/15

Schriftzeichen	Pinyin	Deutsch
一百	yìbǎi	einhundert
百	bǎi	hundert
零 (0)	líng	null
是不是？	Shì bú shì?	Ist das so? / Stimmt das?
不是。	Bú shì.	Nein, das ist nicht so.
不	bù	nein; nicht
千	qiān	tausend
万	wàn	zehntausend
亿	yì	hundert Millionen

Lektion 4   Zählen: Teil A

Zählreim II

1/16

Hier haben wir einen weiteren Zählreim. In diesem werden die schwierigen Laute „s" und „sh" in den Wörtern „**sì**", „**shí**" und „**shì**" geübt. Wenn Sie „**sì**" sagen, bleibt die Zunge flach, die Zungenspitze berührt die untere Zahnreihe. Bei „**shí**" oder „**shì**" rollt sich die Zunge nach oben Richtung Gaumen, relativ weit hinten. Wenn Sie also „**sìshí**" sagen, ist die Zunge erst unten, dann oben. Bei „**shísì**" hingegen ist sie erst oben, dann unten. Viel Erfolg!

四是四，
Sì shì sì,

十是十。
Shí shì shí.

十四是十四，
Shísì shì shísì,

四十是四十。
Sìshí shì sìshí.

一百是一零零，是不是？
Yìbǎi shì yī líng líng, shì bú shì?

Zählen: Teil A — Lektion 4

Übersetzung des Zählreims II

Vier ist vier,
Zehn ist zehn.
Vierzehn ist vierzehn,
Vierzig ist vierzig.
Einhundert ist Eins-Null-Null, oder nicht?

Wie viele Terrakotta-Pferde sehen Sie in diesem Grab?
Antworten Sie auf Chinesisch!

LEKTION

5 | Zählen: Teil B

Das Adverb 也 *yě (auch)*

也 **yě** ist ein Adverb, das zwischen dem Subjekt und dem
Prädikat steht.

你也数，我也数。　　Du zählst auch, ich zähle auch.
Nǐ yě shǔ, wǒ yě shǔ.

你也加，我也加。　　Du addierst auch, ich addiere
Nǐ yě jiā, wǒ yě jiā.　　auch.

Das Satzmuster mit 是 *shì (sein)*

是 **shì** ist ein Verb, das wie im Deutschen das Subjekt mit
dem Prädikatsnomen verbindet. Wenn auf beiden Seiten
Nomen stehen, sind diese gleichwertig. Als Beispiel:

九是四加五。　　Neun ist vier plus fünf.
Jiǔ shì sì jiā wǔ.

十是二加八。　　Zehn ist zwei plus acht.
Shí shì èr jiā bā.

Insbesondere wenn es sich um Zahlenangaben handelt,
kann die Satzstellung umgedreht werden, ohne die Bedeu-
tung zu ändern.

四加五是九。　　Vier plus fünf ist neun.
Sì jiā wǔ shì jiǔ.

二加八是十。　　　Zwei plus acht ist zehn.
Èr jiā bā shì shí.

Wie alle chinesischen Verben wird 是 **shì** nicht flektiert, unabhängig von Zeit, Geschlecht, Person oder Anzahl. Die verneinende Form von 是 **shì** ist 不是 **bú shì**.

Positiv-negative Fragesätze mit 是不是 shì bú shì (Ist das so? / Stimmt das?)

是不是 **shì bú shì** ist eine Frage, die geformt wird, indem man die positive Form 是 **shì** mit der negativen Form 不是 **bú shì** verbindet. Diese Art von „positiv-negativer" Frage kann man auch „Ja-oder-Nein"-Frage nennen. Die Antwort kann entweder die positive Form 是 **shì** (Ja) oder die negative Form 不是 **bú shì** (Nein) sein. Als Beispiel:

Frage: 一百是一零零，是不是？

　　　Yìbǎi shì yī líng líng, shì bú shi?
　　　Einhundert ist Eins-Null-Null, oder nicht?

Positive Antwort:　　　　　是　　Ja.
　　　　　　　　　　　　Shì.

Negative Antwort:　　　　不是　　Nein.
　　　　　　　　　　　　Bú shì.

▶

35

Lektion 5   Zählen: Teil B

Jedes Verb kann für eine positiv-negative Frage genutzt
werden. Die Antwort muss entweder die zustimmende
oder verneinende Form des Verbs sein. Als Beispiel:

Frage: 你数不数数？   Zählst Du Zahlen?
    Nǐ shǔ bù shǔ shù?

Positive Antwort: 数   Ja.
                      Shǔ.

Negative Antwort: 不数   Nein.
                      Bù shǔ.

Bis 1000 zählen

Die Zahlen von 0 bis 10:

0	零	líng		6	六	liù
1	一	yī		7	七	qī
2	二	èr		8	八	bā
3	三	sān		9	九	jiǔ
4	四	sì		10	十	shí
5	五	wǔ				

Sprechen Sie die Zahlen von 0 bis 10 laut aus.

Die Zahlen 11–19 folgen dem Muster 十 **shí** + 1–9:

11	shí	+	yī	shíyī
12	shí	+	èr	shí'èr
13	shí	+	sān	shísān

Sprechen Sie die Zahlen 11–19 laut aus.

▶

Zählen: Teil B   Lektion 5

Die Zahlen 20–99 folgen dem Muster 2–9 + 十 **shí** +
1–9:

21	èr	+	shí	+	yī	èrshíyī

34	sān	+	shí	+	sì	sānshísì
42	sì	+	shí	+	èr	sìshí'èr

Sprechen Sie die Zahlen 20–99 laut aus.

Die Zahlen 101–109 folgen dem Muster 一百 **yìbǎi** +
零 **líng** + 1–9. Dieses Muster gilt auch für 201–209,
301–309 usw., bis hin zu 901–909:

101	yìbǎi	+	líng	+	yī	yìbǎilíngyī
202	èrbǎi	+	líng	+	èr	èrbǎilíng'èr
303	sānbǎi	+	líng	+	sān	sānbǎilíngsān

Sprechen Sie die Zahlen 101–109 laut aus.

Wenn auf einen Hunderter ein Zehner folgt, sagt man
yìbǎi yīshí (110) (nicht **yìbǎi shí**).

110	一百一十	**yìbǎi yīshí**

Die Zahlen 110–119 folgen dem Muster

一百 **yìbǎi** + 一十 **yīshí** + 一 **yī** – 九 **jiǔ**.

111	yìbǎi	+	yīshí	+	yī	yìbǎiyīshíyī
112	yìbǎi	+	yīshí	+	èr	yìbǎiyīshí'èr
113	yìbǎi	+	yīshí	+	sān	yìbǎiyīshísān
114	yìbǎi	+	yīshí	+	sì	yìbǎiyīshísì
115	yìbǎi	+	yīshí	+	wǔ	yìbǎiyīshíwǔ
116	yìbǎi	+	yīshí	+	liù	yìbǎiyīshíliù
117	yìbǎi	+	yīshí	+	qī	yìbǎiyīshíqī

37

118	yìbǎi	+	yīshí	+	bā	yìbǎiyīshíbā
119	yìbǎi	+	yīshí	+	jiǔ	yìbǎiyīshíjiǔ

Sprechen Sie die Zahlen 110–119 laut aus.

Die Zahlen 120–199 folgen dem Muster 一百 **yìbǎi** + 2–9 十**shí** + 1–9:

120	yìbǎi	+	èrshí			yìbǎi'èrshí
121	yìbǎi	+	èrshí	+	yī	yìbǎi'èrshíyī
122	yìbǎi	+	èrshí	+	èr	yìbǎi'èrshí'èr

Zählen Sie die Zehner von 120-190, dann 190-199.

Die Zahlen 210–999 folgen dem Muster
1–9 百 **bǎi** + 一十 **yīshí** + 1–9:

212	èr	+	bǎi	+	yìshí	+	èr	èrbǎiyīshí'èr
224	èr	+	bǎi	+	èrshí	+	sì	èrbǎi'èrshísì
371	sān	+	bǎi	+	qīshí	+	yī	sānbǎiqīshíyī
537	wǔ	+	bǎi	+	sānshí	+	qī	wǔbǎisānshíqī
699	liù	+	bǎi	+	jiǔshí	+	jiǔ	liùbǎijiǔshíjiǔ
862	bā	+	bǎi	+	liùshí	+	èr	bābǎiliùshí'èr
749	qī	+	bǎi	+	sìshí	+	jiǔ	qībǎisìshíjiǔ
999	jiǔ	+	bǎi	+	jiǔshí	+	jiǔ	jiǔbǎijiǔshíjiǔ
1000	yì	+	qiān					yìqiān

Sprechen Sie die Beispielzahlen laut aus.

Zählen: Teil B   Lektion 5

Große Zahlen lesen

Um große Zahlen zu lesen, lesen Sie von links aus erst die Ziffer, dann die Bezeichnung der Stelle.

Beachten Sie, dass Sie die Bezeichnung für den Einer, **ge**, nicht aussprechen müssen.

Als Beispiel: Die Zahl 3.895 wird so gelesen:

sān qiān	bā bǎi	jiǔ shí	wǔ (gè)
3.	8	9	5
千	百	十	个
qiān	**bǎi**	**shí**	**gè**
1.000er	100er	10er	1er

Versuchen Sie es selbst mit den folgenden Zahlen:

3.456   9.872   1.030   5.164   8.927

Das Satzmuster mit 是 shì (sein)

Um einen Satz mit **shì** nach folgendem Muster zu bilden, ersetzen Sie das Subjekt und Prädikat des Beispiels mit den unten angegebenen Wörtern.

Subjekt	_Verb_	_Prädikat_
九	是	四加五。
Jiǔ	shì	sì jiā wǔ.
Neun	ist	vier plus fünf.
四加五		九。
Sì jiā wǔ		jiǔ.

▶

39

Subjekt	Verb	Prädikat
二加八 Èr jiā bā		十。 shí.
十 Shí		二加八。 èr jiā bā.
二加一 Èr jiā yī		三。 sān.
五加一 Wǔ jiā yī		六。 liù.
七加四 Qī jiā sì		十一.。 shíyī.
我 Wǒ		[Name]。

Der positiv-negative Fragesatz mit 是不是 shì bú shì

Ersetzen Sie das Subjekt und Prädikat im Beispiel mit den angegebenen Wörtern, beantworten Sie die Frage dann durch die positive oder negative Form von 是 **shì**.

Subjekt	Positiv-negatives Verb	Prädikat
一百 Yìbǎi Ist einhundert Eins-Null-Null?	是不是 shì bú shì	一零零? yī líng líng?

▶

Zählen: Teil B   Lektion 5

三加五 Sān jiā wǔ	八? bā?
二加二 Èr jiā èr	四? sì?
七加九 Qī jiā jiǔ	十六? shíliù?
二百加三百 Èr bǎi jiā sān bǎi	五百? wǔ bǎi?
你 Nǐ	Lǐ Jiā?

Anmerkung zur Aussprache
Tonwechsel

Erinnern Sie sich, **yī** (eins), **qī** (sieben), **bā** (acht) und **bù** (nein; nicht) können jeweils unterschiedliche Töne haben.

1. **Yī** kann drei verschiedene Töne haben:

    A. Alleine genutzt hat **yī** den 1. Ton: **yī**, **èr**, **sān**, **sì**, **wǔ**.

    B. Gefolgt von einem Zähleinheitswort im 4. Ton hat **yī** den 2. Ton: **yí kuài** (ein Yuan).

    C. Gefolgt von einem Zähleinheitswort im 1., 2. oder 3. Ton hat **yī** den 4. Ton:

▶

41

Lektion 5   Zählen: Teil B

> **yì zhāng** (ein Stück), **yì máo** (ein Mao), **yì jiǎo** (ein Jiao), **yì fēn** (ein Fen).
>
> 2. **Qī** und **bā** können je zwei Töne haben:
> Alleine genutzt haben **qī** und **bā** den 1. Ton. Gefolgt von einem Zähleinheitswort im 4. Ton können sie in den 2. Ton wechseln:
>
> **qī hào** *oder* **qí hào** (die Nummer Sieben)
> **bā hào** *oder* **bá hào** (die Nummer Acht).
>
> 3. 不 **bù** (nein; nicht) steht im 4. Ton. Wenn es von einem Wort im 4. Ton gefolgt wird, wechselt 不 **bù** in den 2. Ton:
> 不是 **bú shì** (ist nicht).

Übungen zur Aussprache

1/17

Übung 1

Üben Sie die Tonwechsel von **yī** (eins), **qī** (sieben), **bā** (acht) und **bù** (nein; nicht). Lesen Sie die folgenden Ausdrücke laut vor und schreiben Sie die korrekten Betonungszeichen über die Vokale von **yī**, **qī**, **bā** und **bù**. Überprüfen Sie Ihre Aussprache durch die CD.

	Pinyin	Schriftzeichen	Deutsch
a.	1) dì yi	第一	der, die, das erste/Erste
	2) yi tiān	一天	ein Tag
	3) yi píng	一瓶	eine Flasche
	4) yi běn	一本	ein Heft
	5) yi gè	一个	ein Stück
	6) yi bēi	一杯	ein Glas
	7) yi wǎn	一碗	eine Schale

Zählen: Teil B   Lektion 5

   8) yi huà   一划   ein Schlag

b. 1) dì qi   第七   der, die, das siebte/ Siebte

   2) qiyuè   七月   Juli

c. 1) dì ba   第八   der, die, das achte/ Achte

   2) ba hào   八号   die Nummer Acht

d. 1) bu gāo   不高   nicht groß

   2) bu xíng   不行   nicht möglich

   3) bu hǎo   不好   nicht gut

   4) bu cuò   不错   nicht schlecht

   5) bu qù   不去   nicht gehen

   6) bu xīn   不新   nicht neu

   7) bu bì   不必   nicht notwendig

   8) bu zǒu   不走   nicht verlassen

Üben Sie die folgenden Wörter mit 不 **bù** laut vorzulesen. Denken Sie daran, dass sich der Ton von 不 **bù** vom 4. in den 2. Ton ändert, wenn ein 4. Ton folgt. Überprüfen Sie Ihre Aussprache durch die CD.

1/18

Übung 2

Pinyin	*Schriftzeichen*	*Deutsch*
1) bù	不	nein, nicht
2) duìbùqǐ	对不起	Entschuldigung
3) bù zhīdào	不知道	nicht wissen
4) tīng bù dǒng	听不懂	nicht verstehen
5) bù hǎo	不好	nicht gut

▶

43

6) bù chī	不吃	nicht essen
7) bù lái	不来	nicht kommen
8) bú yào	不要	nicht wollen
9) bú duì	不对	nicht korrekt
10) bú cuò	不错	gut; nicht schlecht
11) bú xiè	不谢	Gern geschehen. / Nichts zu danken.
12) bú kèqi	不客气	Nichts zu danken.

1/19

Übung 3

Lesen Sie die Zahlen 0 bis 10 laut vor. Diese sind hier nach Tönen angeordnet.

1. Ton	yī (1)	sān (3)	qī (7)	bā (8)
2. Ton	líng (0)	shí (10)		
3. Ton	wǔ (5)	jiǔ (9)		
4. Ton	èr (2)	sì (4)	liù (6)	

1/20

Übung 4

Jede Silbe unten hat einen Anlaut und einen Auslaut, die zusammen ein Wort ergeben. Lesen Sie erst die An- und Auslaute einzeln vor, dann als ganzes Wort. Überprüfen Sie Ihre Aussprache durch die CD.

Gruppe A:	Gruppe B:	Gruppe C:	Gruppe D:
j iē	z ū	b ō	zh ī
q iū	c uī	p āo	ch āi
x iā	s ūn	m āng	sh ān
		f ēn	r ēng

Zählen: Teil B — Lektion 5

Lesen Sie die folgenden, ähnlich klingenden Wörter laut vor:

Gruppe A:

yīshí 一十 yì shí 一石 yímín 移民
yìmíng 译名 yī zì 一字 yǐzi 椅子
yì tiān 一天 yì tián 易田

Gruppe B:

èr zǐ 二子 érzi 儿子 èr nǚ 二女
érnǚ 儿女 èr duǒ 二朵 ěrduo 耳朵

Gruppe C:

sān rén 三人 shànrén 善人 sān diǎn 三点
sǎndiǎn 散点 dàsān 大三 dǎsǎn 打伞

Gruppe D:

sì zhōu 四周 sīchóu 丝绸 sìshū 四书
sǐshù 死树 sìshí 四十 sīshì 私事

Gruppe E:

wǔ tiān 五天 wùtiān 雾天 wǔsì 五四
wúsī 无私 wǔ huí 五回 wùhuì 误会

Gruppe F:

liùshū 六书 liǔshù 柳树 liù píng 六瓶
liūbīng 溜冰 liù jīn 六斤 liúxīn 留心

Gruppe G:

qīshí 七十 qíshì 歧视 qī míng 七名
qǐmíng 起名 qī zhé 七折 qìchē 汽车

Lektion 5 Zählen: Teil B

Gruppe H:

bābā 八八 bàba 爸爸 bāzì 八字
bǎzi 靶子 bālù 八路 bá shù 拔树

Gruppe I:

jiǔshí 九十 jiùshì 旧事 jiǔjiǔ 九九
jiùjiu 舅舅 jiǔ jīn 九斤 jiūxīn 揪心

Gruppe J:

shí fù 十幅 shīfu 师父 shízì 十字
shìzi 柿子 yīshí 一十 lìshǐ 历史

Wie viele Mönche sehen Sie in dem Tempel?
Antworten Sie auf Chinesisch!

Zähhlen: Teil B

Lektion 5

Einen Abakus verwenden

Der chinesische Abakus wird seit Jahrhunderten verwendet. Er besteht aus zwei Kugeln über dem Balken, die jeweils Fünfer repräsentieren, und fünf Kugeln unter dem Balken, die jeweils Einer repräsentieren. Indem Sie einfach das Zählmuster anwenden, das Sie schon gelernt haben, können Sie so sehr hohe Zahlen lesen. Die Spalten eines Abakus, von links nach rechts, sind: **yì** (Hundert Millionen), **qiānwàn** (Zehn Millionen), **bǎiwàn** (Millionen), **shíwàn** (Hunderttausender), **wàn** (Zehntausender), **qiān** (Tausender), **bǎi** (Hunderter), **shí** (Zehner) und **gè** (Einer).

亿	千万	百万	十万	万	千	百	十	个
yì	qiān wàn	bǎi wàn	shí wàn	wàn	qiān	bǎi	shí	gè
↓	↓	↓	↓	↓	↓	↓	↓	↓
4	7	5	6	2	3	4	1	9
sì	qī	wǔ	liù	èr	sān	sì	yī	jiǔ
yì	qiān	bǎi	shí	wàn	qiān	bǎi	shí	

Die oben stehende Zahl liest man **sìyì qīqiān wǔbǎi liùshí èrwàn sānqiān sìbǎi yīshí jiǔ**.

Fangen Sie links an und lesen Sie erst die Zahl, dann die Stelle, eine nach der anderen. Beachten Sie, dass Sie das **wàn** in **qiānwàn**, **bǎiwàn** und **shíwàn** nicht aussprechen. Sie sagen hier nur **qiān**, **bǎi**, **shí** + **wàn**.

47

LEKTION

6 Zählen: Teil C

1/22

Übung 1

Hören Sie die Zahlen auf der CD und schreiben Sie diese in Pinyin auf.

1) _____
2) _____
3) _____
4) _____
5) _____
6) _____
7) _____
8) _____
9) _____
10) _____

1/23

Übung 2

Hören Sie die folgenden Rechenaufgaben und schreiben Sie die Antworten in Pinyin. Lernen Sie zuvor ein neues Wort:

几　jǐ　　wie viele / wie viel

Beispiel:

Frage:　　二加二是几　Wie viel ist zwei plus
　　　　　Èr jiā èr shì jǐ?　zwei?

Antwort:　二加二是四　Zwei plus zwei ist vier.
　　　　　Èr jiā èr shì sì.

1) 三加六是几? _____
　 Sān jiā liù shì jǐ?

2) 十加十是几? _____
　 Shí jiā shí shì jǐ?

Zählen: Teil C   Lektion 6

3) 七加七是几？ _____
Qī jiā qī shì jǐ?

4) 五十加五十是几？ _____
Wǔshí jiā wǔshí shì jǐ?

5) 四十五加六十六是几？ _____
Sìshí wǔ jiā liùshí liù shì jǐ?

Hören Sie die   1)_____
folgenden Zahlen
zwischen 11 und   2)_____
999 und schreiben
Sie diese in arabi-   3)_____
schen Ziffern.
                         4)_____

                         5)_____

                         6)_____

                         7)_____

                         8)_____

                         9)_____

                         10)_____

1/24

Übung 3

Ergänzen Sie den   6: _____ iù   1: _____ ī
Anlaut für jede
der folgenden   7: _____ ī   3: _____ ān
chinesischen
Zahlen.   8: _____ ā   5: _____ ǔ

                     9: _____ iǔ   10: _____ í

Übung 4

| | Lektion 6 | Zählen: Teil C |

Übung 5

Zählen Sie die folgenden Symbole zusammen und schreiben Sie die Summe als Zahl. Schreiben Sie dann wie im Beispiel gezeigt Rechnung und Summe in Pinyin.

Beispiel: ♦ ♦ ♦ ♦ ♦ + ♦ ♦ ♦ = 8   Wǔ jiā sān shì bā.

1) ♦ ♦ ♦ ♦ + ♦ ♦ ♦ ♦ ♦ =   _____

2) ♦ ♦ ♦ ♦ ♦ ♦ ♦ + ♦ ♦ ♦ ♦ ♦ ♦ ♦ =

_____

3) ♦ ♦ ♦ ♦ + ♦ ♦ ♦ ♦ =   _____

4) ♦ ♦ ♦ + ♦ ♦ ♦ ♦ ♦ ♦ ♦ ♦ =

_____

5) ♦ ♦ ♦ ♦ ♦ ♦ + ♦ ♦ ♦ ♦ ♦ ♦ ♦ =

_____

6) ♦ ♦ ♦ ♦ ♦ + ♦ ♦ ♦ ♦ ♦ ♦ =

_____

7) ♦ ♦ ♦ ♦ ♦ ♦ + ♦ ♦ =   _____

Zählen: Teil C   Lektion 6

Traditionelle Schriftform chinesischer Zahlen

Ihnen wird auffallen, dass auf chinesischen Münzen und Geldscheinen oft Ziffern in einer traditionellen, komplexeren Form geschrieben sind, an Stelle der modernen, vereinfachten Form, die Sie hier lernen. Die komplexe Form wird in Bankgeschäften verwendet (auf Schecks, Zahlungsanweisungen und Quittungen), um zu verhindern, dass Ziffern nachträglich verändert werden (z.B. 一 **yī** (eins) zu 十 **shí** (zehn) oder 千 **qiān** (tausend)). Hier sehen Sie die traditionelle, komplexe Form der Ziffern:

壹 1	貳 2	叄 3	肆 4	伍 5	陸 6
柒 7	捌 8	玖 9	拾 10	佰 100	仟 1000

Zahlen im chinesischen Aberglauben

Viele chinesische Zeichen sind Homophone und können daher leicht verwendet werden, um auf andere, gleich lautende Zeichen anzuspielen. Als Beispiel: Die Betonung von 四 **sì** (vier) ist ähnlich wie 死 **sǐ** (Tod), daher gilt die Zahl vier als Unglückszahl. Andererseits ähnelt die Betonung von 八 **bā** (acht) dem Zeichen 发 **fā** (reich werden), deshalb ist die Ziffer acht sehr beliebt. Die Zahl 二八 **èr bā** (zwei-acht) bedeutet *Beide Seiten werden reich*. In der Geschäftswelt gelten somit Zahlen wie 28, 28.000, 88 und 888 als positiv. Ein Autokennzeichen mit der Nummer „888" könnte in Hongkong für viel Geld verkauft werden.

Eine weitere Glückszahl ist die Neun. Diese ist die ultimative Zahl in der Philosophie des Yin-Yang, denn wenn Yin oder Yang den Wert neun erreicht, wird jede weitere ▶

51

| Lektion 6 | Zählen: Teil C |

Steigerung zur Zehn führen, wodurch Yin zu Yang wird, und Yang zu Yin. Daher repräsentiert die Neun die Vollständigkeit und Fülle in der chinesischen Kultur. Neun Drachen sind das Zeichen des Kaisers. Manche Chinesen verwenden gerne die Neun in ihrem Namen.

Die Chinesen haben noch weitere gute Assoziationen für Zahlen, wie zum Beispiel *Doppelte Sechs bringt großes Glück* (六六大顺 **liù liù dàshùn**), *Zehn bringt Perfektion* (十全十美 **shíquán shíměi**) oder *Doppeltes Glück kommt ins Haus* (双喜临门 **shuāngxǐ lín mén**).

LEKTION

Geld: Teil A

7

Wichtige Redewendungen

| 请问，在哪儿换钱？
Qǐng wèn, zài nǎr huàn qián? | Wo kann ich Geld tauschen? |
| 这个多少钱？
Zhè ge duōshao qián? | Wie viel kostet das? |

1/25

Wortschatz I · 生词一

1/26

Schriftzeichen	Pinyin	Deutsch
你好	nǐ hǎo	Guten Tag; Hallo
小姐	xiǎojie	Fräulein (für weibliche Angestellte in z.B. Banken, Restaurants, Geschäften und Hotels)
小	xiǎo	klein, jung
这个	zhè ge/ zhèi ge	dies, diese(r,s)
这	zhè/zhèi	dies, diese(r,s)
个	gè/ge	(Zähleinheitswort für Personen oder Dinge)

53

多少	duōshao	wie viel, wie viele
钱	qián	Geld
圆	yuán	(Währungseinheit, ¥1,00, formelle Schreibweise von 元 yuán)
块	kuài	(Währungseinheit, ¥1,00, umgangssprachlich für 元 yuán)
毛	máo	(Währungseinheit, ¥0,10, umgangssprachlich für 角 jiǎo)
分	fēn	(Währungseinheit, ¥0,01)
那个	nà ge/ nèi ge	das, jene(r,s)
那	nà/nèi	das, jene(r,s)
呢	ne	(Fragepartikel)
两	liǎng	zwei
要	yào	wollen; brauchen; müssen
收	shōu	entgegennehmen, erhalten
欧圆	Ōuyuán	Euro

▶

Geld: Teil A   Lektion 7

请问	qǐng wèn	Entschuldigen Sie bitte (höfliche Einleitung vor Fragen)
请	qǐng	bitten; einladen
问	wèn	fragen
在	zài	in; auf; an; bei; existieren, sich befinden
哪儿/哪里	nǎr/nǎli	wo
哪	nǎ	welche(r,s), was
换	huàn	wechseln, tauschen
人民币	Rénmínbì	Volkswährung (RMB, ¥)
人民	rénmín	Volk
币	bì	Währung, Geld
中国银行	Zhōngguó Yínháng	Bank of China
中国	Zhōngguó	China
银行	yínháng	Bank
谢谢	xièxie	danke
不谢	bú xiè	Keine Ursache; Nichts zu danken

Lektion 7 — Geld: Teil A

Dialog I · 对话一

SPRECHER *A: Ausländer* 外国人 **wàiguórén**
B: Verkäuferin 小姐 **xiǎojie**

A: 你好！小姐, 这个多少钱？
Nǐ hǎo! Xiǎojie, zhè ge duōshao qián?

B: 这个是一百四十块三毛八。
Zhèi ge shì yìbǎi sìshí kuài sān máo bā.

A: 那个呢？
Nà ge ne?

B: 那个是一百零八块两毛五。
Nà ge shì yìbǎi líng bā kuài liǎng máo wǔ.

A: 我要这个。
Wǒ yào zhèi ge.

B: 不收欧圆。
Bù shōu Ōuyuán.

A: 请问, 在哪儿换人民币？
Qǐng wèn, zài nǎr huàn Rénmínbì?

B: 在中国银行。
Zài Zhōngguó Yínháng.

A: 谢谢。
Xièxie.

B: 不谢。
Bú xiè.

Übersetzung von Dialog I

A: Fräulein, wie viel kostet das?

B: Dies kostet 140 Kuai, drei Mao und acht (Fen).

A: Und das hier?

B: Das kostet 108 Kuai, zwei Mao und fünf (Fen).

A: Ich will dieses.

B: Wir nehmen keine Euro.

A: Entschuldigen Sie, wo kann ich Geld tauschen?

B: In der Bank of China.

A: Vielen Dank.

B: Keine Ursache.

Der erste Satz der Verkäuferin beinhaltet eine Verkürzung, das 分 **fēn** am Satzende wird ausgelassen. Wenn das Geld keine runde Zahl ergibt, kann die letzte (kleinste) Einheitsbezeichnung weggelassen werden. Hier ein weiteres Beispiel:

十块五毛三　¥10,53
shí kuài wǔ máo sān

In der ausführlichen Form müsste es heißen:
十块五毛三分 **shí kuài wǔ máo sān fēn** ¥10,53;
und in einer noch längeren Form sogar:
十块五毛三分钱
shí kuài wǔ máo sān fēn qián ¥10,53.

Wortschatz II • 生词二

Schriftzeichen	Pinyin	Deutsch
好	hǎo	gut; in Ordnung
角	jiǎo	(Währungseinheit, ¥0,10)
外国人	wàiguórén	Ausländer(in)
德国人	Déguórén	Deutsche(r)
德国	Déguó	Deutschland
港币	Gǎngbì	Hongkong Dollar (HK$)
外币	wàibì	Fremdwährung
这儿/这里	zhèr/zhèli	hier
那儿/那里	nàr/nàli	dort
兑换单	duìhuàndān	Formular zum Geld wechseln
签字	qiānzì	unterschreiben

Geld: Teil A Lektion 7

Dialog II · 对话二

1/29

SPRECHER *A: Deutscher* 德国人 ***Déguórén***
B: Bankangestellte 小姐 ***xiǎojie***

A: 你好!小姐,我要换人民币。
Nǐ hǎo! Xiǎojie, wǒ yào huàn Rénmínbì.

B: 你好!请问,你要换多少钱?
Nǐ hǎo! Qǐng wèn, nǐ yào huàn duōshao qián?

A: 我要换一百欧圆。
Wǒ yào huàn yìbǎi Ōuyuán.

B: 好。
Hǎo.

A: 这是多少人民币?
Zhè shì duōshao Rénmínbì?

B: 这是一千零九十五元一角三分。
Zhè shì yìqiānlíngjiǔshíwǔ yuán yī jiǎo sān fēn.

A: 谢谢。
Xièxie.

A: 不谢。
Bú xiè.

Übersetzung von Dialog II

A: Guten Tag! Fräulein, ich will Geld in Renminbi tauschen.

B: Guten Tag! Darf ich fragen, wie viel Sie tauschen wollen?

A: Ich will 100 Euro tauschen.

B: O.K.

A: Wie viel ist das in Renminbi?

B: Das sind 1095 Yuan, ein Jiao und drei Fen.

A: Vielen Dank.

B: Keine Ursache.

LEKTION

Geld: Teil B

8

Das Fragewort 多少 duōshao (wie viel, wie viele)

多少 **duōshao** steht normalerweise hinter dem Verb, anders als im deutschen Satzbau. Eine Ausnahme besteht, wenn 多少 **duōshao** einen eigenständigen Satz bildet: 多少钱？ **Duōshao qián**? (Wie viel Geld?) oder 多少人？ **Duōshao rén**? (Wie viele Menschen?).

Frage： 这是多少钱？ Wie teuer ist das?
Zhè shì duōshao qián?

Antwort: 这是一百欧圆。 Das kostet 100 Euro.
Zhè shì yìbǎi Ōuyuán.

Das Fragewort 呢 ne (..., und ... ?)

呢 **ne** ist eine Partikel, die am Satzende verwendet wird. Hier wird sie verwendet, um eine Frage zu bilden:

那个呢？ Und jene(r,s)?
Nà ge ne?

小姐呢？ Und die Verkäuferin?
Xiǎojie ne?

61

Lektion 8 Geld: Teil B

二 **èr** *(zwei)* und 两 **liǎng** *(zwei)*

Sowohl 两 **liǎng** als auch 二 **èr** bedeuten *zwei*, sie werden aber unterschiedlich verwendet:

a. 两 **liǎng** steht für die Menge zwei (eine Grundzahl)

两个人	liǎng ge rén	zwei Menschen
两块钱	liǎng kuài qián	zwei Kuai
两层楼	liǎng céng lóu	zwei Stockwerke
两瓶啤酒	liǎng píng píjiǔ	zwei Flaschen Bier
两个门	liǎng ge mén	zwei Türen

b. 二 **èr** steht für das zweite in einer Folge (eine Ordnungszahl)

二层	èr céng	2. Stock
二楼	èr lóu	2. Stock; zweites Gebäude
二门	èr mén	zweite Tür
二号	èr hào	zweiter Tag im Monat; die Nummer Zwei
二班	èr bān	zweite Gruppe

Es gibt einige Wörter, die sowohl mit **liǎng** als auch **èr** stehen können:

Zwei Kilo, als Mengenangabe, kann sowohl 两斤 **liǎng jīn** als auch 二斤 **èr jīn** heißen.

Zwei Mao, als Mengenangabe, kann sowohl 两毛 **liǎng máo** als auch 二毛 **èr máo** heißen.

▶

Geld: Teil B

Lektion 8

c. Die Ziffer 2 ist 二 **èr** (nicht 两 **liǎng**), z.B. in 12, 20–29, 32, 42 bis hoch zu 92 und 102, 202, usw.

d. Wenn die Ziffer 2 in 200, 2.000, 20.000 usw. steht, kann sowohl 两 **liǎng** als auch 二 **èr** genutzt werden. Im Nord- und Südchinesischen gibt es unterschiedliche Vorlieben, zum Beispiel:

	Nordchinesisch	*Südchinesisch*
200	两百 liǎng bǎi	二百 èr bǎi
2.000	两千 liǎng qiān	二千 èr qiān
20.000	两万 liǎng wàn	二万 èr wàn

在 *zài (in; auf; an, bei) + Ortsname*

在 **zài** als Präposition wird immer von einem Ortsnamen gefolgt, um so eine Präpositionalphrase zu bilden:

在哪儿换钱？ Wo (kann ich)
Zài nǎr huàn qián? Geld tauschen?

在银行换钱。 (Sie können) in der Bank
Zài yínháng huàn qián. Geld tauschen.

Im Chinesischen wird die Präpositionalphrase **zài** + Ort immer vor dem Verb verwendet:

Subjekt + zài + Ortsangabe + Verb + Objekt

我在银行换钱。 Ich wechsle Geld in der Bank.
Wǒ zài yínháng huàn qián.

Beachten Sie, dass die chinesische Satzstellung anders ist als im Deutschen, wo *in der Bank* am Ende des Satzes stehen kann.

Lektion 8 — Geld: Teil B

Das Fragewort 哪儿 *năr (wo)*

哪儿 **năr** ist ein Interrogativpronomen, das oft in Kombination mit der Präposition 在 **zài** verwendet wird, um eine Frage zu bilden. Um die Frage *Wo ist …?*, zu stellen, folgen Sie diesem Muster:

在 *zài*	+	哪儿 *năr*	+	*Verb*	+	*Objekt*	
在		哪儿		换		钱？	Wo kann ich
Zài		năr		huàn		qián?	Geld wechseln?

Geldeinheiten

Betrachten wir die offiziellen und die informellen Währungsbezeichnungen. Denken Sie daran, nur eine Version zu nutzen und diese nicht zu vermischen.

	Einer	*Zehntel*	*Hundertstel*
Formell	元	角	分
	yuán	jiǎo	fēn
Umgangssprachlich	块	毛	分
	kuài	máo	fēn

In der folgenden Tabelle werden Beispiele gegeben, wie bestimmte Geldmengen angegeben werden. Fügen Sie einfach nur die Zahl vor die Einheit, zum Beispiel:

	Formell			*Umgangssprachlich*		
¥1,32	1元	3角	2分	1块	3毛	2
	yí yuán	sān jiǎo	èr fēn	yí kuài	sān máo	èr
¥4,55	4元	5角	5分	4块	5毛	5
	sì yuán	wǔ jiǎo	wǔ fēn	sì kuài	wǔ máo	wǔ

▶

64

Geld: Teil B

Lektion 8

	Formell		*Umgangssprachlich*	
¥6,70	6元	7角	6块	7
	liù yuán	qī jiǎo	liù kuài	qī
¥189,00	189元		189块	
	yìbǎi bāshí jiǔ yuán		yìbǎi bāshí jiǔ kuài	

Fragen stellen mit 多少 duōshao

Üben Sie die Verwendung von 多少 **duōshao** (wie viel, wie viele). Ergänzen Sie die Tabelle mit den vorgegebenen Subjekten und Objekten. Den ersten Satz als Beispiel:

Frage				*Antwort*			
Subj.	*Verb*	*Int.*	*Objekt*	*Subj.*	*Verb*	*Zahl*	*Objekt*
这	是	多少	钱？	这	是	一百	欧圆。
Zhè	shì	duō- shao	qián?	Zhè	shì	yìbǎi	Ōu- yuán.
Wie viel kostet das?				Das kostet € 100.			
那			人民币？	那		300	RMB。
Nà			Rénmínbì?	Nà			
这			欧圆？	这		150	€。
Zhè			Ōuyuán?	Zhè			
那			港币(HK$)？	那		500	HK$。
Nà			Gǎngbì?	Nà			
这			块？	这		1.000	块。
Zhè			kuài?	Zhè			kuài. ▶

65

那		元?	那	95	元。
Nà		yuán?	Nà		yuán
这		钱?	这	200	块钱。
Zhè		qián?	Zhè		kuài qián.

Fragen stellen mit 呢 *ne*

Stellen Sie eine Frage, indem Sie 呢 **ne** am Satzende anfügen.

Subjekt	*Verb*	*Objekt*	*Subjekt*	*Partikel*
这	是	一百块,	那个	呢?
Zhè	shì	yìbǎi kuài,	nà ge	ne?

Dieses kostet 100 Kuai, wie viel kostet jenes?

Üben Sie dies mit den vorgegebenen Subjekten, Verben und Objekten.

我		[Ihr Name],	你
Wǒ			nǐ
我		德国人,	你
Wǒ		Déguórén,	nǐ
我	要	这个,	你
Wǒ	yào	zhè ge,	nǐ
我	换	钱,	你
Wǒ	huàn	qián,	nǐ

Geld: Teil B

Lektion 8

Die Zahl zwei

Üben Sie die Zahl zwei. Wenn zwei vor einem Zähleinheitswort steht, verwenden Sie 两 **liǎng** (statt 二 **èr**).

Zahl	*Zähleinheitswort*	*Nomen*
两 Liǎng	块 kuài	钱。 qián.
	角 jiǎo	人民币。 Rénmínbì.
	百 bǎi	港币。 Gǎngbì.
	分 fēn	钱。 qián.
	欧元。 Ōuyuán.	

Lektion 8   Geld: Teil B

Wo?

Verwenden Sie das Muster **zài** + **nǎr** + Verb + Objekt (wo ist), um Fragen zu stellen:

Frage				*Antwort*	
Qǐng wèn	***zài* + *nǎr***	*Verb*	*Objekt*	***Zài***	*Ortsangabe*
请问，	在哪儿	换	钱？	在	中国银行。
Qǐng wèn,	zài nǎr	huàn	qián?	Zài	Zhōngguó Yínháng.

Entschuldigen Sie, wo kann ich Geld wechseln?

Bei der Bank of China.

欧元？	这儿。
Ōuyuán?	zhèr.
人民币？	那儿。
Rénmínbì?	nàr.
港币？	中国银行。
Gǎngbì?	Zhōngguó Yínháng.

Geld: Teil B　　　　　　　　　　　　　　　　　　　　Lektion 8

Anmerkung zur Aussprache
Tonwechsel: 3+3 → 2+3

Immer wenn ein 3. Ton von einem weiteren 3. Ton gefolgt wird, wechselt der erste zu einem 2. Ton. Ein Beispiel:

wǔ jiǎo 五角　　→　wú jiǎo　　　fünf Jiao
xǐzǎo 洗澡　　　→　xízǎo　　　　baden
shěngzhǎng 省长 →　shéngzhǎng　Provinzgouverneur
zǒngtǒng 总统　→　zóngtǒng　　Staatspräsident

Wenn drei oder mehr 3. Töne aufeinander folgen, werden alle außer dem letzten zu 2. Tönen. Als Beispiel:

Wǒ hěn hǎo. 我很好。　　→　　Wó hén hǎo.
Mir geht es sehr gut.

Wǒ yě hěn hǎo. 我也很好。 →　　Wó yé hén hǎo.
Mir geht es auch sehr gut.

Übungen zur Aussprache

Lesen Sie die folgenden Zahlen und Wörter laut vor, achten Sie besonders auf die Tonkombinationen.

1/30

Übung 1

Pinyin	Schriftzeichen	Deutsch
1) Nǐ hǎo!	你好！	Guten Tag!
2) hěn hǎo	很好	sehr gut
3) Běihǎi	北海	Nordsee
4) bǔkǎo	补考	Nachprüfung
5) hǎidǎo	海岛	Insel
6) shuǐjiǎo	水饺	Nudelteigtasche
7) xiǎojie	小姐	Fräulein

▶

69

Lektion 8   Geld: Teil B

8) bǎoxiǎn	保险	Versicherung
9) lǎoshǔ	老鼠	Maus
10) zuǒshǒu	左手	linke Hand
11) qǐdǎo	祈祷	beten
12) lǎohǔ	老虎	Tiger
13) qǐngtiě	请贴	Einladung
14) Wǒ xiǎng xǐzǎo.	我想洗澡。	Ich will baden.
15) zǒngtǒngfǔ	总统俯	Der Sitz des Staatspräsidenten

Übung 2

Lesen Sie die folgenden Zahlen und Wörter laut auf Chinesisch vor, achten Sie besonders auf die Tonkombinationen. Überprüfen Sie Ihre Aussprache durch die CD.

1) 1999   5) 5959   9) 2000   13) sìjiào
2) 1959   6) 6845   10) 2001   14) sháoyuán
3) 1995   7) 9059   11) cèsuǒ   15) qīhàolóu
4) 9595   8) 3737   12) Xīmén

Übung 3

Jede Silbe unten hat einen Anlaut und einen Auslaut, die zusammen ein komplettes Wort ergeben. Lesen Sie erst die An- und Auslaute einzeln vor, dann als ganzes Wort. Überprüfen Sie Ihre Aussprache durch die CD.

Gruppe A:	Gruppe B:	Gruppe C:	Gruppe D:
g uàn	j iāng	d é	b ǎng
k àn	q īng	t ái	p ěng
h ào	x uān	l iáo	m ěi
		n ú	f ǎn

Lesen Sie die folgenden Städtenamen laut auf Chinesisch vor, achten Sie besonders auf die Tonkombinationen. Überprüfen Sie Ihre Aussprache durch die CD.

	Pinyin	*Schriftzeichen*	*Deutsch*
1)	Bólín	柏林	Berlin
2)	Hànbǎo	汉堡	Hamburg
3)	Mùníhēi	慕尼黑	München
4)	Fǎlánkèfú	法兰克福	Frankfurt
5)	Sītújiātè	斯图加特	Stuttgart
6)	Láibǐxī	莱比锡	Leipzig
7)	Hànnuòwēi	汉诺威	Hannover
8)	Délèisīdùn	德累斯顿	Dresden
9)	Bālí	巴黎	Paris
10)	Lúndūn	伦敦	London
11)	Wēiyěnà	维也纳	Wien
12)	Āmǔsītèdān	阿姆斯特丹	Amsterdam
13)	Shànghǎi	上海	Shanghai
14)	Niǔyuē	纽约	New York

LEKTION

9 Geld: Teil C

1/34

Übung 1

Lesen und hören Sie den folgenden Dialog und beantworten Sie die Fragen:

> A: Ausländer 外国人 *wàiguórén*
> B: Bankangestellte 小姐 *xiǎojie*

A: 你好! 小姐, 我要换钱。
    Nǐ hǎo! Xiǎojie, wǒ yào huàn qián.

B: 你好! 你要换多少?
    Nǐ hǎo! Nǐ yào huàn duōshao?

A: 我要换两百欧圆的人民币。
    Wǒ yào huàn liǎngbǎi Ōuyuán de Rénmínbì.

B: 好。
    Hǎo.

A: 这是两百欧圆。
    Zhè shì liǎngbǎi Ōuyuán.

B: 这是两千一百八十八块人民币。
    Zhè shì liǎngqiānyìbǎibāshíbā kuài Rénmínbì.

A: 谢谢。
    Xièxie.

B: 不谢。再见。
    Bú xiè. Zàijiàn.

A: 再见。
    Zàijiàn.

Fragen:

1. Was will der Ausländer machen?_____

   _____

2. Welche Währung und wie viel Geld will er wechseln? ____

   _____

3. Wie viel Geld erhält er? _____

   _____

4. Wie viel RMB entsprechen einem Euro? _____

   _____

72

Geld: Teil C   Lektion 9

Lesen und hören Sie den Dialog und beantworten Sie die
Fragen.

1/35

Übung 2

      A: Deutscher 德国人 ***Déguórén***
      B: Verkäuferin 小姐 ***xiǎojie***

A: 你好! 小姐, 这个多少钱？
      Nǐ hǎo! Xiǎojie, zhè ge duōshao qián?

B: 这个十块。
      Zhè ge shí kuài.

A: 那个呢？
      Nà ge ne?

B: 那个两块五。
      Nà ge liǎng kuài wǔ.

A: 我要那个。
      Wǒ yào nà ge.

B: 好。
      Hǎo.

A: 谢谢!
      Xièxie!

B: 不谢。再见。
      Bú xiè. Zàijiàn.

A: 再见。
      Zàijiàn.

Fragen:

1. Welchen Gegenstand will der Ausländer haben? _____

_____

2. Wie viel bezahlt er dafür? _____

_____

3. Was sagt die Verkäuferin, nachdem er sich entschieden
hat? _____

_____

| Lektion 9 | Geld: Teil C |

Übung 3

Alle Wörter für RMB Geldeinheiten sind auch Zähleinheitsworte. Üben Sie mit der Zahl 两 **liǎng** (zwei). Schreiben Sie diese Zahlen in Pinyin und lesen Sie laut vor.

1. ¥2,00 块

2. ¥0,02 分

3. ¥222,00 元

4. ¥2000 千

5. ¥2,20 毛

6. ¥200 百

7. ¥0,20 角

8. €2,00 欧元

Übung 4

Schreiben Sie die folgenden Zahlen in Pinyin und lesen Sie.

37	_____	56	_____
94	_____	27	_____
19	_____	65	_____
12	_____	73	_____
100	_____	109	_____
123	_____	176	_____

Chinesische Währung

Die chinesische Währung besteht aus dreizehn Scheinen und sechs Münzen. Es gibt Scheine zu 100 Yuan, 50 Yuan, 20 Yuan, 10 Yuan, 5 Yuan, 2 Yuan, 1 Yuan, 5 Jiao, 2 Jiao, 1 Jiao, 5 Fen, 2 Fen und 1 Fen. Die Münzen sind 1 Yuan, 5 Jiao, 1 Jiao, 5 Fen, 2 Fen und 1 Fen. Die Größe von Scheinen und Münzen entspricht ihrem Wert, je höher desto größer.

Geld: Teil C

Lektion 9

Geld wechseln in China

Geld wechseln kann man in den meisten großen Banken, internationalen Flughäfen, einigen großen Hotels, einigen großen Kaufhäusern und einigen Touristengebieten. Man muss zum Geldwechseln einen Reisepass oder eine Aufenthaltserlaubnis vorzeigen. Die Wechselkurse variieren von Ort zu Ort, und meist bekommt man für Traveler's Checks geringfügig bessere Raten. Bewahren Sie die Quittung auf, diese benötigen Sie, falls Sie wieder RMB in eine Fremdwährung zurücktauschen wollen. Geldwechsel auf der Straße ist illegal, und die Chance ist hoch, dass man hier Falschgeld bekommt. Man kann auch mit ausländischen Kreditkarten RMB von chinesischen Bankautomaten erhalten, allerdings werden höchstwahrscheinlich Transaktionsgebühren anfallen.

LEKTION

10 In der Cafeteria: Teil A

Wichtige Redewendungen

您要什么菜？ Nín yào shénme cài?	Welche Speisen möchten Sie bestellen?
我要这个菜。 Wǒ yào zhè ge cài.	Ich möchte dieses Gericht.
我还要酸辣汤。 Wǒ hái yào suānlàtāng.	Ich möchte auch noch eine sauer-scharfe Suppe.
这是牛肉吗？ Zhè shì niúròu ma?	Ist das Rindfleisch?
不要了，谢谢！ Bú yào le, xièxie.	Ich will sonst nichts mehr, vielen Dank!

Wortschatz I • 生词一

Schriftzeichen	Pinyin	Deutsch
食堂	shítáng	Cafeteria; Mensa
吃饭	chīfàn	(eine Mahlzeit) essen
吃	chī	essen
饭	fàn	eine Mahlzeit; gekochter Reis
吗	ma	(Fragepartikel)

In der Cafeteria: Teil A   Lektion 10

很	hěn	sehr
您	nín	Sie (Höflichkeitsform)
什么	shénme	was
菜	cài	Gericht, Speise; Gemüse
牛肉	niúròu	Rindfleisch
牛	niú	Kuh
肉	ròu	Fleisch (In Kombination mit einem Tiernamen steht es für das Fleisch dieses Tieres. Ohne Zusatz ist meist „Schweinefleisch" impliziert.)
猪肉	zhūròu	Schweinefleisch
猪	zhū	Schwein
米饭	mǐfàn	gekochter Reis
馒头	mántou	gedämpftes Brot (ähnlich wie Dampfnudel)
还	hái	zusätzlich, noch, außerdem
了	le	(Partikel, die eine Situationsänderung oder eine abgeschlossene Handlung anzeigt)

Dialog I · 对话一

SPRECHER *A: Gast* 顾客 **gùkè**

　　　　　B: Bedienung 服务员 **fúwùyuán**

A: 你好吗？
Nǐ hǎo ma?

B: 我很好, 您呢？
Wǒ hěn hǎo, nín ne?

A: 我也很好。
Wǒ yě hěn hǎo.

B: 您要什么菜？
Nín yào shénme cài?

A: 我要这个菜。这个菜是牛肉吗？
Wǒ yào zhè ge cài. Zhè ge cài shì niúròu ma?

B: 不是，是猪肉。那个是牛肉。
Bú shì, shì zhūròu. Nà ge shì niúròu.

A: 我要那个菜。
Wǒ yào nà ge cài.

B: 您要米饭吗？
Nín yào mǐfàn ma?

A: 不要, 我要馒头。
Bú yào, wǒ yào mántou.

B: 还要什么？
Hái yào shénme?

In der Cafeteria: Teil A   Lektion 10

A: 不要了。谢谢！
    Bú yào le. Xièxie!

B: 不谢！
    Bú xiè!

Übersetzung von Dialog I

A: Wie geht es Ihnen?

B: Mir geht es gut, und Ihnen?

A: Mir geht es auch gut.

B: Welche Speisen möchten Sie bestellen?

A: Ich möchte dieses Gericht. Ist das Rindfleisch?

B: Nein, das ist Schweinefleisch. Dies hier ist Rind-
    fleisch.

A: Ich möchte dieses Gericht.

B: Wollen Sie Reis dazu haben?

A: Nein, ich möchte gedämpftes Brot dazu.

B: Möchten Sie sonst noch etwas?

A: Nein, vielen Dank.

B: Nichts zu danken.

Lektion 10　　　　　　　　　　　　　　　　　　In der Cafeteria: Teil A

1/39

Wortschatz II • 生词二

Schriftzeichen	Pinyin	Deutsch
你们	nǐmen	ihr (Mehrzahl)
有	yǒu	haben; es gibt
鸡	jī	Huhn
鱼	yú	Fisch
都	dōu	alle (bezieht sich auf ein Nomen oder Pronomen, das vor ihm steht)
汤	tāng	Suppe
鸡蛋汤	jīdàntāng	Eiersuppe
鸡蛋	jīdàn	Ei
和	hé	und
酸辣汤	suānlàtāng	sauer-scharfe Suppe
酸	suān	sauer
辣	là	scharf
面条	miàntiáo	Nudeln
饼	bǐng	gebratender Fladen, runder flacher Kuchen

In der Cafeteria: Teil A Lektion 10

Dialog II · 对话二

SPRECHER A: *Gast* 顾客 **gùkè**
B: *Bedienung* 服务员 **fúwùyuán**

A: 请问,你们有什么菜?
Qǐng wèn, nǐmen yǒu shénme cài?

B: 鸡,鱼,肉都有。
Jī, yú, ròu dōu yǒu.

A: 我要一个鸡,一个鱼。
Wǒ yào yí ge jī, yí ge yú.

B: 要不要汤?
Yào bú yào tāng?

A: 你们有什么汤?
Nǐmen yǒu shénme tāng?

B: 鸡蛋汤和酸辣汤。
Jīdàntāng hé suānlàtāng.

A: 要一个鸡蛋汤。
Yào yí ge jīdàntāng.

B: 还要什么?
Hái yào shénme?

A: 还要一个面条,一个饼。谢谢!
Hái yào yí ge miàntiáo, yí ge bǐng. Xièxie!

B: 不谢。
Bú xiè.

Übersetzung von Dialog II

A: Entschuldigung, welche Speisen haben Sie?

B: Wir haben Huhn, Fisch und Fleischgerichte.

A: Ich möchte einmal Huhn und einmal Fisch.

B: Möchten Sie Suppe dazu?

A: Welche Suppen haben Sie?

B: Wir haben Eiersuppe und sauer-scharfe Suppe.

A: Ich möchte eine Eiersuppe.

B: Möchten Sie noch etwas?

A: Ich möchte auch noch einmal Nudeln und einen gebratenen Fladen. Vielen Dank.

B: Nichts zu danken.

LEKTION

11

In der Cafeteria: Teil B

Die Fragepartikel 吗 *ma*

吗 **ma** wird am Ende eines Aussagesatzes angefügt, um aus diesem eine Ja-oder-Nein-Frage zu machen. Dies ist die häufigste Form von Fragesätzen im Chinesischen. 吗 **ma** wird dabei immer im neutralen Ton gesprochen.

这个菜是牛肉吗？   Ist das ein Gericht mit
Zhè ge cài shì niúròu ma?   Rindfleisch?

Das Fragewort 什么 *shénme (was)*

Mit dem Fragewort 什么 **shénme** fragt man nach einer Sache. Es steht an derselben Stelle wie das entsprechende Satzglied in der Antwort.

您要什么？   Was wollen Sie? / Was möchten
Nín yào shénme?   Sie bestellen?

什么 **shénme** kann auch am Satzanfang stehen:

什么是牛肉？   Was ist „niúròu"?
Shénme shì niúròu?

83

Die Partikel 了 le

了 **le** ist eine wichtige Partikel im Chinesischen, die verschiedene Funktionen erfüllen kann. Hier lernen Sie zwei Funktionen kennen:

1) Jede Handlung und jedes Ereignis haben einen Aspekt, unabhängig von ihrer Zeitstufe. Der Aspekt beschreibt einen Zustand, wie z.B. „in der Durchführung" oder „abgeschlossen". Wenn die Aspektpartikel 了 **le** einem Verb folgt, wird angezeigt, dass die einzelne Handlung abgeschlossen ist. Beachten Sie, dass sich die Aspektpartikel 了 **le** dabei auf die Vergangenheit, Gegenwart und Zukunft beziehen kann.

我吃了。   Ich habe gegessen.
Wǒ chī le.

Verneinungssätze, die eine abgeschlossene Handlung anzeigen, werden mit 没(有) **méi(yǒu)** gebildet. Das 了 **le** entfällt:

我没(有)吃。   Ich habe nichts gegessen.
Wǒ méi(yǒu) chī.

2) 了 **le** am Satzende zeigt an, dass sich eine Situation geändert hat oder ein neuer Zustand eingetreten ist. Zum Beispiel:

下雨了。   Jetzt regnet es. (Gerade hat es noch
Xià yǔ le.   nicht geregnet.)

Verneinungssätze mit 不 **bú** und 了 **le** haben die Bedeutung von *nicht(s) mehr*. Ein Beispiel ist „不要了 **bú yào le**" aus Lektion 10, Dialog 1. Gemeint ist hier: „Nein, danke, ich möchte jetzt nichts mehr bestellen." Damit wird gezeigt, dass der Zustand „Ich möchte" abgeschlossen ist und durch „Ich möchte nichts mehr" eine neue Situation eingetreten ist.

In der Cafeteria: Teil B   Lektion 11

Das Adverb 都 *dōu: themen-kommentierter Satz*

鸡，鱼，肉都有。   Wir haben Huhn, Fisch
Jī, yú, ròu dōu yǒu.   und Fleischgerichte.

Das Thema in diesem Satz ist 鸡, 鱼, 肉 **jī, yú, ròu**, der
Kommentar ist 都有 **dōu yǒu**. Das eigentliche Subjekt, 我
们 **wǒmen** (wir), wird ausgelassen. Diese themen-kom-
mentierte Struktur ist ein häufig anzutreffender Satzbau
im Chinesischen.

Positiv-negative Fragen (gebildet mit Verb)

Sie haben bereits die positiv-negative Frage mit 是不是
shì bú shì (Ja oder nein?) kennengelernt. Positiv-negative
Fragen können aber mit jedem Verb gebildet werden. 要
不要 **yào bú yào** (Wollen Sie?) ist eine positiv-negative
Frage, die durch die Kombination der positiven Form des
Verbs (要 **yào**) mit der negativen Form (不要 **bú yào**)
gebildet wird. Die Antwort ist einfach die positive oder
die negative Form des Verbs. Als Beispiel:

Frage: 你要 不要 米饭？   Wollen Sie Reis?
            Nǐ yào bú yào mǐfàn?

Antwort: 要。   Ja.   oder   不要。 Nein.
            Yào.   Bú yào.

Lektion 11   In der Cafeteria: Teil B

Die Fragepartikel 吗 ma

Die Fragepartikel 吗 **ma** wird am Satzende angefügt, um einen Aussagesatz zu einer Frage umzuformen.

Subjekt	*Verb/Adj.*	*Objekt*	*ma*
这个菜	是	牛肉	吗？
Zhè ge cài	shì	niúròu	ma?

Ist das ein Gericht mit Rindfleisch?

Üben Sie die Verwendung der Fragepartikel 吗 **ma** mit den folgenden Subjekten, Verben, Adjektiven und Objekten:

那	是	猪肉
Nà	shì	zhūròu
你	要	鸡蛋汤
Nǐ	yào	jīdàntāng
你们	有	馒头
Nǐmen	yǒu	mántou
你	换	钱
Nǐ	huàn	qián
你	好	
Nǐ	hǎo	
那个菜	辣	
Zhè ge cài	là	

In der Cafeteria: Teil B   Lektion 11

Das Fragewort 什么 *shénme (was)*

A. Üben Sie neue Sätze mit 什么 **shénme** zu bilden:

Frage			*Antwort*		
Subj.	*Verb*	*Fragewort*	*Subj.*	*Verb*	*Objekt*
您	要	什么?	我	要	牛肉。
Nín	yào	shénme?	Wǒ	yào	niúròu.
Was wollen Sie bestellen?			Ich möchte Rindfleisch.		
	吃				面条。
	chī				miàntiáo.
	有			有	鸡和鱼。
	yǒu			yǒu	jī hé yú.
	还要			还要	米饭。
	hái yào			hái yào	mǐfàn.
	有	什么汤?		有	酸辣汤。
	yǒu	shénme tāng?		yǒu	suānlàtāng.
	换	什么钱?		换	欧元。
	huàn	shénme qián?		huàn	Ōuyuán.

▶

87

B. Üben Sie jetzt Fragen mit 什么 **shénme am Satzanfang zu bilden:**

Frage			*Antwort*		
Subj.	*Verb*	*Objekt*	*Subj.*	*Verb*	*Objekt*
什么	是	牛肉？	牛肉	是	Rindfleisch.
Shénme	shì	niúròu?	Niúròu	shì	Rindfleisch.
Was ist „niúròu"?			„Niúròu" ist Rindfleisch.		
		馒头？	馒头		gedämpftes Brot.
		mántou?	Mántou		
		饼？	饼		gebratener
		bǐng?	Bǐng		Fladen.
		面条？	面条		Nudeln.
		miàntiáo?	Miàntiáo		
		人民币？	人民币		chinesische
		Rénmínbì?	Rénmínbì		Währung.
		一元？	一元		10 Jiao.
		yì yuán?	Yì yuán		
		港币？	港币		HK$.
		Gǎngbì?	Gǎngbì		

In der Cafeteria: Teil B   Lektion 11

Die Partikel 了 *le*

Die Partikel 了 **le** am Satzende steht für eine Situations-
veränderung. Um eine Frage verneinend mit 了 **le** zu
beantworten, verwenden Sie das Muster „不 **bú** … 了
le" (nicht(s) mehr).

Üben Sie, Fragen mit dem Fragewort 吗 **ma** zu stellen
und diese mit 了 **le** zu beantworten:

Frage				*Antwort*		
Subj. **hái** *+Verb*		*Objekt* **ma**		*Negatives Verb* + **le**		
你	还要	菜	吗?	不	要	了。
Nǐ	hái yào	cài	ma?	Bú	yào	le.
Wollen Sie noch mehr Gerichte?				Ich will nichts mehr.		
	还吃	米饭			吃	
	hái chī	mǐfàn			chī	
	还要	这个菜			要	
	hái yào	zhè ge cài			yào	
	还吃	鱼			吃	
	hái chī	yú			chī	
	还要	汤			要	
	hái yào	tāng			yào	
	还吃	面条			吃	
	hái chī	miàntiáo			chī	

Positiv-negative Fragen

Eine positiv-negative Frage kann mit jedem Verb gebildet werden. Üben Sie, Fragen nach diesem Muster zu stellen und diese positiv oder negativ zu beantworten.

Frage		_Antwort_
Verb in positiv-negativer Form	_Objekt_	_Positive Antwort/ Negative Antwort_
要不要	这个菜?	要。/ 不要。
Yào bú yào	zhè ge cài?	Yào. / Bú yào.
Wollen Sie dieses Gericht?		Ja, ich will. / Nein, ich will es nicht.
	米饭?	要米饭。/ 不要米饭。
	mǐfàn?	Yào mǐfàn. / Bú yào mǐfàn.
	这个菜?	要这个菜。/ 不要这个菜。
	zhè ge cài?	Yào zhè ge cài. / Bú yào zhè ge cài.
	汤?	要汤。/ 不要汤。
	tāng?	Yào tāng. / Bú yào tāng.
	面条?	要面条。/ 不要面条。
	miàntiáo?	Yào miàntiáo. / Bú yào miàntiáo.
	猪肉?	要猪肉。/ 不要猪肉。
	zhūròu?	Yào zhūròu. / Bú yào zhūròu.
	鱼?	要鱼。/ 不要鱼。
	yú?	Yào yú. / Bú yào yú.

In der Cafeteria: Teil B   Lektion 11

Fragen mit 还要 *hái yào (noch wollen, mehr wollen)*

Bilden Sie mit den unten stehenden Wörtern neue Sätze nach diesem Muster:

Frage				*Antwort*		
Subj.	***hái**+Verb*	*Objekt*	***ma***	***Hái**+Verb*		*Objekt*
你	还要	汤	吗？	还	要	酸辣汤。
Nǐ	hái yào	tāng	ma?	Hái	yào	suānlàtāng.
Wollen Sie noch Suppe?				Ja, ich will noch mehr sauer-scharfe Suppe.		

菜			那个菜。
cài			nà ge cài.
米饭			米饭。
mǐfàn			mǐfàn.
面条			鸡蛋面。
miàntiáo			jīdànmiàn.
吃		吃	面条和饼。
chī		chī	miàntiáo hé bǐng.
吃肉		吃	牛肉。
chī ròu		chī	niúròu.

91

Lektion 11　　　　　　　　　　　　　　　　　　In der Cafeteria: Teil B

> ### Anmerkung zur Aussprache
> ### Tonwechsel:
> ### Der halbe 3. Ton am Satzanfang
>
> Ein allein stehender 3. Ton wird als voller 3. Ton ausgesprochen. Wenn aber ein 3. Ton am Anfang eines Worts oder Ausdrucks steht und von einem anderen Ton (1., 2. oder 4. Ton) gefolgt wird, dann wird der 3. Ton als halber Ton gesprochen, der abfällt, aber nicht ansteigt. Die geschriebenen Betonungszeichen ändern sich nicht. Als Beispiel wird in den folgenden Begriffen **měi** als kurzer, halber 3. Ton ausgesprochen.
>
> | *Pinyin* | *Schriftzeichen* | *Deutsch* |
> |---|---|---|
> | měi tiān | 每天 | jeden Tag |
> | měi nián | 每年 | jedes Jahr |
> | měi yuè | 每月 | jeden Monat |

Übungen zur Aussprache

1/41

Übung 1

Lesen Sie die folgenden Wörter und Ausdrücke mit 3. Tönen am Anfang laut vor.

Pinyin	*Schriftzeichen*	*Deutsch*
1) wǒ chī	我吃	ich esse
2) wǒ lái	我来	ich komme
3) wǒ yào	我要	ich will
4) nǐ hē	你喝	du trinkst
5) nǐ lái	你来	du kommst
6) nǐ huàn	你换	du wechselst
7) wǔ tiān	五天	fünf Tage
8) wǔ nián	五年	fünf Jahre
9) wǔ cì	五次	fünf Mal
10) lǎoshī	老师	Lehrer

In der Cafeteria: Teil B   Lektion 11

Üben Sie diese Wörter, in denen jeweils ein 2. Ton auf
einen 3. Ton folgt.

	Pinyin	Schriftzeichen	Deutsch
1)	Făguó	法国	Frankreich
2)	Měiguó	美国	Amerika
3)	lăorén	老人	alter Mensch
4)	zhăoqián	找钱	Wechselgeld geben
5)	kěnéng	可能	vielleicht, wahrscheinlich
6)	hǎiyáng	海洋	Ozean
7)	bǎochí	保持	aufrechterhalten, bewahren
8)	jiějué	解决	lösen
9)	bǐrú	比如	zum Beispiel
10)	gǎnjué	感觉	Gefühl; Wahrnehmung

Jede Silbe unten hat einen Anlaut und einen Auslaut, die
zusammen ein Wort ergeben. Lesen Sie erst die An- und
Auslaute einzeln vor, dann als ganzes Wort. Überprüfen
Sie Ihre Aussprache durch die CD.

Gruppe A:	Gruppe B:	Gruppe C:	Gruppe D:
zh ē	d uō	z ài	g uāi
ch áo	t ú	c án	k uí
sh ǎng	l iǎo	s uān	h é
r ì	n àn		

Üben Sie Pinyin indem Sie diese Begriffe laut lesen:

	Pinyin	Schriftzeichen	Deutsch
1)	xuéxiào	学校	Schule
2)	xiǎoxué	小学	Grundschule
3)	zhōngxué	中学	Mittelschule
4)	dàxué	大学	Universität, Hochschule

5) Jiàoyùbù	教育部	Bildungsministerium
6) Jiàoyùjú	教育局	Bildungsbehörde
7) Zhōngyāng Zhèngfǔ	中央政府	Zentralregierung
8) shěng	省	Provinz
9) Guówùyuàn	国务院	Staatsrat
10) shì	市	Stadt
11) xiàn	县	Landkreis
12) Shāngyèbù	商业部	Handelsministerium
13) shāngdiàn	商店	Geschäft
14) Nóngyèbù	农业部	Landwirtschaftsministerium
15) nóngcūn	农村	Dorf, ländliche Gegend
16) Wénhuàbù	文化部	Kultusministerium
17) chāojí shìchǎng / chāoshì	超级市场 / 超市	Supermarkt
18) shūdiàn	书店	Buchhandlung
19) zǎoshì	早市	Morgenmarkt
20) jǐngchájú	警察局	Polizeidienststelle
21) pàichūsuǒ	派出所	Polizeirevier
22) gōngsī	公司	Firma
23) lǜshīsuǒ	律师所	Anwaltskanzlei
24) yóujú	邮局	Post
25) yīwùsuǒ	医务所	Klinik
26) yīyuàn	医院	Krankenhaus
27) bàngōngshì	办公室	Büro
28) lǚguǎn / fàndiàn / bīnguǎn	旅馆 / 饭店 / 宾馆	Hotel
29) gōngyuán	公园	Park
30) zhàoxiàngguǎn	照相馆	Fotostudio

In der Cafeteria: Teil C

LEKTION

12

Lesen und hören Sie den Dialog und beantworten Sie die Fragen.

1/45

Übung 1

Lernen Sie zuvor die folgenden neuen Wörter:

| 碗 | wǎn | Schale, Schüssel |
| 找 | zhǎo | Wechselgeld herausgeben |

A: Ausländer 外国人 **wàiguórén**

B: Bedienung 服务员 **fúwùyuán**

B: 你要什么？
Nǐ yào shénme?

A: 我要一个馒头。
Wǒ yào yí ge mántou.

B: 还要什么？
Hái yào shénme?

A: 还要一碗米饭。多少钱？
Hái yào yì wǎn mǐfàn. Duōshao qián?

B: 三块钱。
Sān kuài qián.

A: 这是五块钱。
Zhè shì wǔ kuài qián.

B: 找你两块钱。
Zhǎo nǐ liǎng kuài qián.

A: 好，谢谢。
Hǎo, xièxie.

Fragen:

1. Wonach fragt der Ausländer zuerst? _____

   _____

2. Wonach fragt der Ausländer noch? _____

   _____

▶

Lektion 12   In der Cafeteria: Teil C

3. Wie viel kostet es insgesamt?_____

_____

4. Wie viel Wechselgeld bekommt der Ausländer zurück?

_____

1/46

Hören Sie den Dialog und beantworten Sie die Fragen.

Lernen Sie zuvor ein neues Wort:

一共   yígòng   insgesamt

A: 我要这个菜。这个菜多少钱？
　 Wǒ yào zhè ge cài. Zhè ge cài duōshao qián?
B: 这个菜两块五。
　 Zhè ge cài liǎng kuài wǔ.
A: 那个菜多少钱？
　 Nà ge cài duōshao qián?
B: 那个菜三块钱。
　 Nà ge cài sān kuài qián.
A: 我要一个这个菜，一个那个菜。
　 Wǒ yào yí ge zhè ge cài, yí ge nà ge cài.
B: 好，一共五块五。
　 Hǎo, yígòng wǔ kuài wǔ.

Fragen:

1. Wie viele Gerichte bestellt der Ausländer? _____

_____

2. Wie viel kostet es insgesamt?_____

_____

96

In der Cafeteria: Teil C   Lektion 12

Übung 3

Üben Sie die folgenden
Gerichte zu bestellen,
sagen Sie: „我要 **Wǒ
yào** _____.“

菜 cài
鸡 jī
鱼 yú
牛肉 niúròu
米饭 mǐfàn
馒头 mántou

Übung 4

Schreiben Sie die
Namen der folgen-
den Lebensmittel in
Pinyin.

1. Fisch   _____

2. Huhn   _____

3. Nudeln   _____

4. Rindfleisch   _____

Übung 5

Um zu üben, wie man in einer chinesischen Cafeteria be-
stellt, übersetzen Sie die folgenden Sätze ins Chinesische.
Schreiben Sie die Antworten in Pinyin.

1. Ist das Rindfleisch? _____

2. Ich will dieses Gericht nicht. Ich möchte jenes Gericht.

_____   _____

3. Ich möchte Eiersuppe. _____

_____   ▶

| Lektion 12 | In der Cafeteria: Teil C |

4. Ich möchte auch noch vier gedämpfte Brötchen. _____

_____

5. Ich möchte sonst nichts mehr, vielen Dank. _____

_____

Begriffe für Kellner und Kellnerin

服务员 **fúwùyuán** ist der allgemeine Begriff für Kellner und Kellnerinnen. Kellnerinnen können auch 小姐 **xiǎojie** genannt werden. Achten Sie aber auf regionalen Sprachgebrauch – an manchen Orten, vor allem im Süden, bedeutet 小姐 **xiǎojie** in der Umgangssprache „Callgirl", Kellnerinnen nennt man hier 小妹 **xiǎomèi** (kleine Schwester).

In der Cafeteria: Teil C   Lektion 12

Shítáng 食堂 *(Cafeteria)*

An fast jedem Arbeitsplatz gibt es eine 食堂 **shítáng**, also eine Cafeteria oder Mensa. Schulen haben eine Cafeteria für den Lehrkörper (教师 食堂 **jiàoshī shítáng**), Firmen, Regierungsabteilungen und andere Arbeitsplätze haben eine Angestelltencafeteria (职工食堂 **zhígōng shítáng**). Der Begriff 食堂 **shítáng** steht für eine Art Schnellrestaurant, in dem man in einer Reihe ansteht und Speisen wählt, die hinter einer Theke angeboten werden. Die Bedienung gibt das Essen heraus, man trägt es selbst zum Tisch. Bezahlt wird mit Coupons statt mit Bargeld, die an einem Schalter oder in einem Büro in der Cafeteria erhältlich sind. An chinesischen Universitäten gibt es meist eine separate Mensa für ausländische Studenten, Lehrkräfte und Gäste, genannt 留学 生食堂 **liúxuéshēng shítáng** (Mensa für Gaststudenten). Es wird von den Ausländern erwartet, dass sie hier essen, nicht in der Mensa für chinesische Studenten. In diesen Ausländermensen wird meist sowohl chinesisches als auch westliches Essen angeboten.

Bankette und Familienessen

Als ausländischer Gast in China hat man manchmal die Gelegenheit, an Festessen teilzunehmen. Die Höflichkeitsregeln bei diesen Banketten unterscheiden sich je nach dem Rang des Gastgebers. Je höher der Rang des Gastgebers, desto komplexer sind die Regeln.

Bei sehr formellen Banketten wird der Gastgeber die Gäste vor dem Essen in einem Empfangssaal begrüßen. Die Sitzordnung entspricht dem Rang des Gastgebers und der Gäste, meist werden aber Namenskarten am Tisch aufgestellt. ▶

99

Normalerweise gibt es drei Gläser für jeden Gast: ein kleines Glas für Maotai (ein weit verbreitetes, stark alkoholisches Getränk), ein Stielglas für Wein und ein Glas für Wasser oder andere alkoholfreie Getränke. Der Gastgeber spricht den ersten Toast auf die Freundschaft aus, normalerweise mit Wein, nicht mit dem hochprozentigen Maotai. Bei einem formellen Bankett wird nur der höchstrangige Gastgeber von Tisch zu Tisch gehen, um mit den Gästen anzustoßen. Alle anderen Teilnehmer sollten an ihren Tischen bleiben und nur mit den Personen an ihrem Tisch anstoßen. Beim Anstoßen sollten Sie ihr Glas etwas niedriger halten als das des Gegenübers, um Ihren Respekt zu zeigen.

Dreimal während des Banketts wird ein feuchtes Tuch angeboten, um die Finger abzuwischen. Das erste Mal, wenn Sie Platz nehmen. Das zweite Mal nach Suppe und fettigem Essen. Das dritte Mal am Ende des Banketts.

Wenn Sie zu einem Freund oder Kollegen nach Hause zum Essen eingeladen werden, sollten Sie ein Geschenk mitbringen (Obst, Alkohol, Blumen, Süßigkeiten, Kuchen oder Spielzeug für die Kinder). Die Regeln bei einem Familienessen sind nicht so streng wie bei einem Bankett. Der Gastgeber wird Ihnen eventuell einen Platz zuweisen, sonst sitzen Sie einfach, wo sie möchten. Ein feuchtes Tuch wird vielleicht vor, während oder nach dem Essen angeboten, vielleicht werden aber auch nur Servietten benutzt. Sicherlich wird auch hier ein formeller Toast ausgesprochen, bevor das Essen beginnt. Der Gastgeber wird wahrscheinlich Speisen von den Tellern in der Mitte des Tisches nehmen und auf Ihren Teller legen. Es wäre unhöflich, das abzulehnen.

Im Restaurant: Teil A

LEKTION 13

Wichtige Redewendungen

1/47

你们有什么菜？ Nǐmen yǒu shénme cài?	Welche Speisen haben Sie?
我吃素。有素菜吗？ Wǒ chīsù. Yǒu sùcài ma?	Ich bin Vegetarier. Haben Sie vegetarisches Essen?
小姐！买单。 Xiǎojie! Mǎidān.	Bedienung! Bezahlen, bitte.
一共多少钱？ Yígòng duōshao qián?	Wie viel kostet es insgesamt?

Wortschatz I · 生词一

1/48

Schriftzeichen	*Pinyin*	*Deutsch*
饭馆(儿)	fànguǎn(r)	Restaurant
进	jìn	eintreten, hereinkommen
这边	zhèbian	diese Seite; hier
边	biān	Seite; Kante

101

坐	zuò	sitzen
我们	wǒmen	wir
英国人	Yīngguórén	Engländer(in)
(一)点(儿)	(yì)diǎn(r)	ein wenig, etwas
菜单	càidān	Speisekarte
来	lái	kommen; bringen
炒	chǎo	sautieren, kurz anbraten
炒鸡丁	chǎojī-dīng	sautiertes, gewürfeltes Hähnchen mit Gemüse
鸡丁	jīdīng	gewürfeltes Hähnchen
丁	dīng	gewürfelt (z.B. Fleisch)
糖醋	tángcù	süß-sauer
糖	táng	Zucker, Süßwaren
醋	cù	Essig
片	piàn	Streifen; dünnes Stück
葱爆	cōngbào	gebraten mit Frühlingszwiebeln

Im Restaurant: Teil A — Lektion 13

葱	cōng	Frühlingszwiebel
爆	bào	kurz in heißem Öl anbraten; explodieren
没有	méiyǒu	nicht haben; nein
没	méi	nicht; nicht haben (Kurzform von 没有 méiyǒu)
先	xiān	zuerst, erst
这些	zhèxie	diese (Plural)
些	xiē	einige; etwas

Dialog I · 对话一

SPRECHER *A: Bedienung* 服务员 ***fúwùyuán***
B: Gast 顾客 ***gùkè***

A: 请进。请这边坐。
Qǐng jìn. Qǐng zhèbian zuò.

B: 谢谢。
Xièxie.

A: 你们是英国人吗？
Nǐmen shì Yīngguórén ma?

B: 不是。我们是德国人。
Bú shì. Wǒmen shì Déguórén.

Lektion 13   Im Restaurant: Teil A

A: 你们吃点儿什么？
Nǐmen chī diǎnr shénme?

B: 你们有什么菜？
Nǐmen yǒu shénme cài?

A: 这是菜单。
Zhè shì càidān.

B: 好。来一个炒鸡丁，一个糖醋鱼片，一个酸
辣汤。有没有葱爆牛肉？
Hǎo. Lái yí ge chǎojīdīng, yí ge tángcù yúpiàn, yí
ge suānlàtāng. Yǒu méiyǒu cōngbào niúròu?

A: 没有。
Méiyǒu.

B: 先要这些。谢谢。
Xiān yào zhèxie. Xièxie.

Übersetzung von Dialog I

A: Kommen Sie bitte herein. Setzen Sie sich bitte hier
hin.

B: Vielen Dank.

A: Sind Sie Engländer?

B: Nein, wir sind Deutsche.

A: Was wollen Sie bestellen?

B: Welche Gerichte haben Sie?

A: Hier ist die Speisekarte.

B: Gut. Bringen Sie bitte ein sautiertes Hähnchen,
einmal süß-saure Fischstreifen und eine sauer-
scharfe Suppe. Haben Sie Rindfleisch mit Zwie-
beln?

A: Nein.

B: Dann erstmal diese. Vielen Dank.

104

Im Restaurant: Teil A   Lektion 13

请 **qǐng** (bitten; einladen) wird dem Verb im Imperativ als Höflichkeitsform vorgestellt.

| 请进! | Qǐng jìn! | Bitte kommen Sie rein! |
| 请坐! | Qǐng zuò! | Bitte setzen Sie sich! |

请 **qǐng** kann auch alleine genutzt werden, um jemanden höflich aufzufordern, hereinzukommen, sich zu setzen, zu essen oder zu trinken usw. Die Bedeutung hängt hier vom Kontext ab.

请! 请!	Qǐng! Qǐng!	Bitte [setzen Sie sich]!
		Bitte [nehmen Sie noch]!
请多来点儿!	Qǐng duō lái diǎnr!	Bitte nehmen Sie sich noch etwas!

这边 **zhèbian** (auf dieser Seite) (oder **zhèbianr** in Peking) ist ein lokales Bestimmungswort, das normalerweise vor dem Verb eines Satzes steht. Man kann auch 在 **zài** als Präposition vor das lokale Bestimmungswort setzen, ohne die Bedeutung zu verändern.

请这边坐。   Setzen Sie sich bitte hier hin.
Qǐng zhèbian zuò.

请在这边坐。   Setzen Sie sich bitte hier hin.
Qǐng zài zhèbian zuò.

一个炒鸡丁   一个糖醋鱼片
yí ge chǎojīdīng   yí ge tángcù yúpiàn
ein sautiertes, gewürfeltes   ein süß-saurer Fisch
Hähnchen   in Streifen

Das Zähleinheitswort 个 **ge** ist ein allgemein einsetzbares Zähleinheitswort für viele Objekte und kann auch genutzt werden, um im Restaurant Speisen zu bestellen. Ansonsten wäre 盘 **pán** das korrekte Zähleinheitswort für Teller mit Speisen.

105

Lektion 13　　　　　　　　　　　　　　　　　　　　Im Restaurant: Teil A

Wortschatz II • 生词二

Schriftzeichen	Pinyin	Deutsch
吃素	chīsù	vegetarisch essen
素	sù	schlicht; Gemüse
素菜	sùcài	vegetarisches Gericht
炒鸡蛋	chǎojīdàn	Rührei
喝	hē	trinken
饮料	yǐnliào	Getränk
茶	chá	Tee
咖啡	kāfēi	Kaffee
冷饮	lěngyǐn	kaltes Getränk
啤酒	píjiǔ	Bier
杯	bēi	Tasse; Glas
可乐	kělè	Cola (Kurzform von 可口可乐 Kěkǒu Kělè)
水	shuǐ	Wasser
瓶	píng	Flasche
买单	mǎidān	(im Restaurant) bezahlen; Rechnung
一共	yígòng	insgesamt

Im Restaurant: Teil A   Lektion 13

杯子	bēizi	Tasse; Glas
盘子	pánzi	Teller
碗	wǎn	Schale, Schüssel
筷子	kuàizi	Essstäbchen
勺子	sháozi	Löffel
叉子	chāzi	Gabel
宫保	gōngbǎo	ein scharfes Gericht mit gewürfeltem Fleisch

Lektion 13　　　　　　　　　　　　　　　　　　　Im Restaurant: Teil A

Dialog II · 对话二

SPRECHER *A: Gast* 顾客 **gùkè**
　　　　　　B: Bedienung 小姐 **xiǎojie**

A:　我吃素。有素菜吗？
　　Wǒ chīsù. Yǒu sùcài ma?

B:　有炒鸡蛋，炒素菜。
　　Yǒu chǎojīdàn, chǎosùcài.

A:　我要一个炒素菜。
　　Wǒ yào yí ge chǎosùcài.

B:　你们喝什么饮料？
　　Nǐmen hē shénme yǐnliào?

A:　你们有什么？
　　Nǐmen yǒu shénme?

B:　茶，咖啡，冷饮和啤酒都有。
　　Chá, kāfēi, lěngyǐn hé píjiǔ dōu yǒu.

A:　要两杯可乐，一杯水，一瓶啤酒。
　　Yào liǎng bēi kělè, yì bēi shuǐ, yì píng píjiǔ.

* * *

A:　小姐！买单。一共多少钱？
　　Xiǎojie! Mǎidān. Yígòng duōshao qián?

B:　一共一百二十五块。
　　Yígòng yìbǎi èrshíwǔ kuài.

A:　谢谢。
　　Xièxie.

Im Restaurant: Teil A   Lektion 13

Übersetzung von Dialog II

A: Ich bin Vegetarier. Haben Sie vegetarische Speisen?

B: Wir haben Rührei und sautiertes Gemüse.

A: Ich möchte eine Portion sautiertes Gemüse.

B: Was möchten Sie dazu trinken?

A: Welche Getränke haben Sie?

B: Wir haben Tee, Kaffee, kalte Getränke und Bier.

A: Wir hätten gerne zwei Gläser Cola, ein Glas Wasser und eine Flasche Bier.

    * * *

A: Bedienung! Bezahlen, bitte. Wie viel kostet das insgesamt?

B: Insgesamt 125 Yuan.

A: Vielen Dank.

没有 **méiyǒu** (nicht haben) ist die einzige negative Form von 有 **yǒu** (haben). Beachten Sie, dass 有 **yǒu** nie mit 不 **bù** zusammen verwendet wird.

LEKTION

14 Im Restaurant: Teil B

Das Adverb (一) 点儿 (yì) diǎnr (ein wenig)

点儿 **diǎnr** (ein wenig) folgt für gewöhnlich einem Verb, um anzuzeigen, dass „etwas ein wenig gemacht wird". 吃点儿什么？ **Chī diǎnr shénme?** bedeutet wörtlich *Wovon möchten Sie ein wenig essen?*

点儿 **diǎnr** ist eine Kurzform von 一点儿 **yìdiǎnr**, wenn es nicht direkt am Satzanfang steht. Im oben stehenden Beispiel wird 什么 **shénme** (was) durch dieses Adverb modifiziert.

Sätze mit ausgelassenem Subjekt

Im Chinesischen kann das Subjekt eines Satzes ausgelassen werden, wenn es durch den Kontext ersichtlich ist.

A:	有素菜吗？	Haben Sie vegetarische Speisen?
	Yǒu sùcài ma?	
B:	有。	Ja, haben wir.
	Yǒu.	

Das Adverb 一共 yígòng (insgesamt)

Das Adverb 一共 **yígòng** (insgesamt) wird nur mit Zahlen verwendet und steht direkt vor der Zahl.

一共一百二十五块。 Insgesamt 125 Yuan.
Yígòng yìbǎi èrshíwǔ kuài.

110

Im Restaurant: Teil B   Lektion 14

Was wollen Sie essen?

吃点儿什么？ **Chī diǎnr shénme?** (Was wollen Sie essen?) ist oft die erste Frage eines Kellners in einem chinesischen Restaurant.

Frage				*Antwort*		
Subj.	*Verb*	***diǎnr***	*Fragew.*	*Subj.*	*Verb*	*Objekt*
你们	吃	点儿	什么？	我	要	炒鸡丁。
Nǐmen	chī	diǎnr	shénme?	Wǒ	yào	chǎojīdīng.

Was möchten Sie essen?   Ich möchte sautiertes Hähnchen.

Üben Sie Fragen und Antworten nach diesem Muster zu bilden. Nutzen Sie die angegebenen Verben und Objekte.

喝		喝	水。
hē		hē	shuǐ.
要		要	糖醋鱼。
yào		yào	tángcùyú.
吃		吃	炒鸡蛋。
chī		chī	chǎojīdàn.

Um die Frage zu spezifizieren, können Sie Informationen hinter 什么 **shénme** einfügen. Ein Beispiel:

你们吃点儿什么菜？   Welche Speisen wollen
Nǐmen chī diǎnr shénme cài?   Sie essen?

▶

Lektion 14 — Im Restaurant: Teil B

Üben Sie Fragen und Antworten nach diesem Muster:

Frage				*Antwort*		
Subj.	Verb	**diǎnr**	Int.	Subj.	Verb	Objekt
	喝	什么饮料？			要	可乐。
	hē	shénme yǐnliào?			yào	kělè.
	要	什么菜？			吃	素菜。
	yào	shénme cài			chī	sùcài.

Haben Sie …?

有 **Yǒu** …吗 **ma**? (Haben Sie …?) ist ein Satzmuster mit ausgelassenem Subjekt. Es wird oft in Restaurants, in Geschäften und auf Märkten verwendet.

Yǒu	*Objekt*	**ma**
有	咖啡	吗？
Yǒu	kāfēi	ma?

Haben Sie Kaffee?

Die negative Antwort auf diese Frage lautet
没有。 **Méiyǒu**. (Nein, ich habe keinen …)

Üben Sie Sätze nach diesem Muster zu bilden. Nutzen Sie die folgenden Objekte.

米饭
mǐfàn

葱爆牛肉
cōngbào niúròu

炒素菜
chǎo sùcài

茶
chá

面条
miàntiáo

Im Restaurant: Teil B   Lektion 14

Haben Sie …?

有没有 **Yǒu méiyǒu** …? (Haben Sie …?) ist eine positiv-
negative Frage. Sie wird gebildet, indem das positive
Verb 有 **yǒu** mit seiner negativen Form 没有 **méiyǒu**
kombiniert wird. Die Antwort kann entweder 有 **yǒu**
(Ja; haben) oder 没有 **méiyǒu** (Nein; nicht haben)
lauten. Diese Frageform ist im chinesischen Alltag weit
verbreitet. Die Bedeutung von 有没有 **Yǒu méiyǒu** …?
ist die gleiche wie die von 有 **Yǒu** …吗 **ma**?

Yǒu méiyǒu	*Objekt*	*Antwort*
有没有	素菜？	有。 / 没有。
Yǒu méiyǒu	sùcài?	Yǒu. / Méiyǒu.
Haben Sie vegetarische		Ja, haben wir. /
Speisen?		Nein, haben wir nicht.

Üben Sie Fragen und Antworten nach diesem Muster zu
bilden, verwenden Sie die folgenden Objekte.

可乐？	Nein.
kělè?	
汤面？	Ja.
tāngmiàn?	
炒鸡蛋？	Nein.
chǎojīdàn?	
牛肉？	Ja.
niúròu?	
啤酒？	Nein.
píjiǔ?	
炒肉丁？	Ja.
chǎoròudīng?	

113

Lektion 14   Im Restaurant: Teil B

Was haben Sie?

有什么 **Yǒu shénme** …? (Was haben Sie?) kann ver-
wendet werden, um zu fragen, welche Speisen es gibt.

Frage				*Antwort*		
Subjekt	*Verb*	*Fragew.*	*Objekt*	*Subjekt*	*Verb*	*Objekt*
你们	有	什么	菜？	我们	有	鸡, 鱼, 肉。
Nǐmen	yǒu	shénme	cài?	Wǒmen	yǒu	jī, yú, ròu.
Welche Gerichte haben Sie?				Wir haben Gerichte mit Huhn, Fisch und Fleisch.		

Üben Sie Fragen und Antworten nach diesem Muster zu
bilden. Verwenden Sie die unten angegebenen Objekte.

Frage *Objekt*	*Antwort* *Objekt*
鸡？ jī?	炒 鸡丁。 chǎojīdīng.
鱼？ yú?	糖醋鱼。 tángcùyú.
肉？ ròu?	葱爆牛肉。 cōngbào niúròu.
菜？ cài?	炒素菜。 chǎosùcài.
啤酒？ píjiǔ?	德国啤酒。 Déguó píjiǔ.
饮料？ yǐnliào?	可乐 和水 kělè hé shuǐ.

Im Restaurant: Teil B   Lektion 14

Wie viel kostet es?

Verwenden Sie 一共 **yígòng** um zu fragen, wie viel
etwas kostet. Antworten Sie dann, indem Sie die Summe
sagen:

Frage		*Antwort*	
Insgesamt	*Fragewort*	*Insgesamt*	*Summe*
一共	多少钱？	一共	三十五 块。
Yígòng	duōshao qián?	Yígòng	sānshíwǔ kuài.
Wie viel kostet das?		Das kostet 35 Kuai.	
			¥15,50
			¥7,25
			¥133,40
			¥54,30
			¥200
			¥10,12

Anmerkung zur Aussprache
Der Buchstabe „e"

Es gibt zwei verschiedene Aussprachen des Buchstaben
„e":

1. Die Aussprache des Zentralvokals ist wie ein lang gezo-
   genes „öh", die Lippen sind gespreizt, der Ton kommt
   aus der Kehle.

▶

115

Die Aussprache wird verwendet, wenn „e" in einem der drei folgenden Fälle auftritt:

a. „e" alleine als eigenständige Silbe

Pinyin	Schriftzeichen	Deutsch
Éguó	俄国	Russland
Wǒ **è** le.	我饿了。	Ich bin hungrig.

b. „e" als Auslaut einer Silbe

Pinyin	Schriftzeichen	Deutsch
h**é**	河	Fluss
ch**ē**	车	Auto, Fahrzeug
wǒ d**e**	我的	meins
D**é**guó	德国	Deutschland
D**é**zhōu	德州	Texas

c. „e" im Auslaut „en" oder „eng"

Pinyin	Schriftzeichen	Deutsch
Ēn	恩	Güte, Gnade
g**ē**n	根	Wurzel, Ursprung
zh**ē**n	真	real, wirklich
d**ē**ng	灯	Lampe
zh**ē**ng	蒸	dämpfen

2. Die andere Aussprache des „e" entspricht dem langen deutschen „e". Sie wird genutzt, wenn „e" als Diphthong auftritt.

Pinyin	Schriftzeichen	Deutsch
m**ě**i	美	schön
h**ē**i	黑	schwarz
ji**ě**jie	姐姐	ältere Schwester

Im Restaurant: Teil B — Lektion 14

Übungen zur Aussprache

Lesen Sie die folgenden Wörter laut vor. Achten Sie auf die korrekte Aussprache von „e".

1/52

Übung 1

„e" alleine als eigenständige Silbe:

1) Éguó	俄国	Russland
2) ézi	蛾子	Motte
3) étóu	额头	Stirn
4) Wǒ è le.	我饿了。	Ich bin hungrig.

„e" als Endlaut einer Silbe:

5) shé	蛇	Schlange
6) kuàilè	快乐	glücklich
7) qìchē	汽车	Automobil
8) zhèngcè	政策	politische Richtlinie
9) Huánghé	黄河	Gelber Fluss
10) tèkuài	特快	Expresszug
11) Kěkǒu Kělè	可口可乐	Coca-Cola®
12) Déguó	德国	Deutschland
13) Dézhōu	德州	Texas
14) Bú kèqi.	不客气。	Keine Ursache. / Nichts zu danken.

117

Lektion 14　　　　　　　　　　　　　　　　　　Im Restaurant: Teil B

„e" im Auslaut „en" oder „eng":

15) shén	神	Gott, Gottheit
16) mén	门	Tür
17) Měnggǔ	蒙古	Mongolei
18) mèng	梦	Traum
19) hěn hǎo	很好	sehr gut
20) néng	能	können, fähig

„e" in einem Diphthong:

21) mèimei	妹妹	jüngere Schwester
22) gěi	给	geben
23) Běijīng	北京	Peking
24) zéi	贼	Dieb
25) jiějie	姐姐	ältere Schwester
26) tiělù	铁路	Eisenbahn
27) zhédié	折叠	falten
28) dǎliè	打猎	jagen

1/53

Übung 2

Nun folgen weitere Wörter, in denen der Vokal „e" vorkommt. Lesen Sie diese laut vor, achten Sie auf die korrekte Aussprache von „e".

Pinyin　　*Schriftzeichen Deutsch*

1) xiǎojie　　小姐　　Fräulein
2) hē shuǐ　　喝水　　Wasser trinken
3) wǔ fēn　　五分　　fünf Fen
4) Měiguó　　美国　　Amerika
5) gēge　　哥哥　　älterer Bruder　▶

118

Im Restaurant: Teil B   Lektion 14

6) Éhàiě   俄亥俄   Ohio
7) xiǎofèi   小费   Trinkgeld
8) huǒchē   火车   Zug
9) cèsuǒ   厕所   Toilette
10) fēng   风   Wind
11) shéngzi   绳子   Seil

Jede Silbe unten hat einen Anlaut und einen Auslaut, die zusammen ein komplettes Wort ergeben. Lesen Sie die An- und Auslaute, dann das ganze Wort. Überprüfen Sie Ihre Aussprache durch die CD.

1/54

Übung 3

Gruppe A: Gruppe B: Gruppe C: Gruppe D:
b ēi   zh è   j iǔ   z ài
p ō   ch ǎo   q iàn   c ōng
m án   sh í   x iāng   s ù
f áng   r   éng

Lesen Sie die folgenden Namen von Obst und Gemüse laut vor.

1/55

Übung 4

1) guā   瓜   Melone, Kürbis
2) guǎnggān   广柑   Grapefruit
3) kǔguā   苦瓜   Bitterkürbis
4) kōngxīncài   空心菜   ein grünes Gemüse mit hohlem Stängel
5) huángguā   黄瓜   Gurke
6) húluóbù   胡萝卜   Möhre, Karotte

▶

119

Lektion 14			Im Restaurant: Teil B

7) yángcōng   洋葱   Zwiebel

8) yángbáicài   洋白菜 Weißkohl

9) wāndòu   豌豆   Erbsen

10) wōsǔn   莴笋   chinesischer Spargel

11) zhīmá   芝麻   Sesam

12) zhúsǔn   竹笋   Bambussprossen

13) cándòu   蚕豆   Saubohnen

14) càihuā   菜花   Blumenkohl

LEKTION

Im Restaurant: Teil C

15

Hören Sie den folgenden Dialog und beantworten Sie die
Fragen.

1/56

Lernen Sie zuvor ein neues Wort:

Übung 1

羊肉   yángròu   Lammfleisch

A: *Kellner* 服务员 *fúwùyuán*

B: *Kundin* 顾客 *gùkè*

A: 请进，请这边坐。
Qǐng jìn, qǐng zhèbian zuò.

B: 谢谢。
Xièxie.

A: 您吃点儿什么？
Nín chī diǎnr shénme?

B: 你们有什么菜？
Nǐmen yǒu shénme cài?

A: 鸡，鱼，肉都有。
Jī, yú, ròu dōu yǒu.

B: 你们有什么肉？
Nǐmen yǒu shénme ròu?

A: 有猪肉，牛肉，羊肉。
Yǒu zhūròu, niúròu, yángròu.

B: 我要一个羊肉。
Wǒ yào yí ge yángròu.

Fragen:

1. Wonach fragt die Kundin den Kellner zuerst?_____

     _____

2. Was fragt die Kundin den Kellner danach? _____

     _____

3. Was bestellt die Kundin letztendlich? _____

     _____

121

Lektion 15　　　　　　　　　　　　　　　　　　　　　Im Restaurant: Teil C

Hören Sie den Dialog und beantworten Sie die Fragen.

Lernen Sie zuvor diese neuen Wörter:

| 茶 | chá | Tee |
| 壶 | hú | Kanne |

A: Kellnerin 服务员 **fúwùyuán**

B: Gast 顾客 **gùkè**

A: 您喝什么？
　　Nín hē shénme?
B: 你们有什么？
　　Nǐmen yǒu shénme?
A: 我们有啤酒，有汽水。
　　Wǒmen yǒu píjiǔ, yǒu qìshuǐ.
B: 我不要啤酒。有茶吗？
　　Wǒ búyào píjiǔ. Yǒu chá ma?
A: 有茶。
　　Yǒu chá.
B: 我要一壶茶。
　　Wǒ yào yì hú chá.

Fragen:

1. Was fragt die Kellnerin den Gast? _____

2. Welche Getränke bietet die Kellnerin an? _____

3. Was wählt der Gast? _____

Im Restaurant: Teil C   Lektion 15

Jetzt sind Sie an der Reihe auf Chinesisch zu bestellen!
Wählen Sie von der Speisekarte drei Gerichte, die Sie
bestellen möchten. Sagen Sie dem Kellner, was Sie haben
wollen und fragen Sie, wie viel es kostet.

Beispiel:

A. Kellner/in: 你们吃点儿什么？
                      Nǐmen chī diǎnr shénme?

B. Gast: 来一个 …
                      Lái yí ge….
                      一共多少钱？
                      Yígòng duōshao qián?

菜单 MENU

素菜 Sùcài

炒素菜 chǎosùcài	¥6.00
炒鸡蛋 chǎojīdàn	¥5.00
素烧豆腐 sùshāo dòufu	¥7.00

肉菜 Ròucài

葱爆牛肉 cōngbào níuròu	¥16.00
炒鸡丁 chǎojīdīng	¥14.00
炒三丁 chǎosāndīng	¥12.00
炒肉片 chǎoròupiàn	¥18.00

Lektion 15   Im Restaurant: Teil C

Übung 4

Sie wollen mit Freunden zum Abendessen in ein chinesisches Restaurant gehen. Zur Vorbereitung übersetzen Sie die folgenden Sätze ins Chinesische, schreiben Sie in Pinyin.

1. Welche Gerichte haben Sie? _____

   _____

2. Wir sind Vegetarier. Haben Sie vegetarische Speisen?

   _____

   _____

3. Bitte bringen Sie uns zwei Gläser Bier, eine Cola und ein Wasser. (来 **lái** *bringen*) _____

   _____

4. Wir wollen drei Gerichte bestellen: einmal gebratenes Rindfleisch mit Zwiebeln, einmal Fisch und ein Gemüse. _____

   _____

   _____

   _____

5. Fräulein, bezahlen, bitte. Wie viel kostet das insgesamt? (一共 **yígòng** *insgesamt*)_____

   _____

Trinkgeld (小费 *xiǎofèi*)

Traditionell gibt man in chinesischen Restaurants kein Trinkgeld. Allerdings berechnen große Hotels inzwischen meist 15% Servicezulage, die auf der Rechnung angeführt wird.

Chinesisches Essen

In China gibt es zwei Grundkategorien von Restaurants: chinesische (中餐 **zhōngcān**) und westliche (西餐 **xīcān**). Viele chinesische Restaurants werden nach der lokalen Besonderheit benannt. „Peking-Enten" Restaurants (北京烤鸭 **Běijīng kǎoyā**) bieten beispielsweise Gerichte aus Ente, über offenem Feuer geröstet. Sichuan Restaurants (四川风味 **Sìchuān fēngwèi**) bieten scharfe Speisen aus Sichuan. Kantonesische Restaurants (粤菜 **Yuècài,** Kanton-Stil, oder 港菜 **Gǎngcài,** Hongkong-Stil) bieten Dim Sum und andere Spezialitäten aus Guangdong und Hongkong. In großen chinesischen Städten gibt es auch vegetarische Restaurants. Westliche Restaurants bieten normalerweise europäische und amerikanische Gerichte, 韩国烧烤 **Hánguó shāokǎo** Restaurants koreanisches Barbecue und 日本料理 **Rìběn liàolǐ** Restaurants japanische Küche an. 家常菜 **Jiā cháng cài** bedeutet *Essen im Familienstil*, in diesen Restaurants bekommt man für gewöhnlich nordchinesische Speisen.

LEKTION

16 Telefonanrufe: Teil A

2/01

Wichtige Redewendungen

怎么给德国打电话？ Zěnme gěi Déguó dǎ diànhuà?	Wie rufe ich nach Deutschland an?
请告诉她给我回电话。 Qǐng gàosu tā gěi wǒ huí diànhuà.	Bitte sagen Sie ihr, sie soll mich zurückrufen.
您贵姓？ Nín guì xìng?	Wie ist Ihr Name? / Wie heißen Sie?
我姓…/我叫… Wǒ xìng…/Wǒ jiào…	Mein Nachname ist… / Ich heiße…
您的电话是多少号？ Nín de diànhuà shì duō shǎo hào?	Wie lautet Ihre Telefon- nummer?

2/02

Wortschatz I • 生词一

Schriftzeichen	Pinyin	Deutsch
怎么	zěnme	wie; auf welche Art
给	gěi	für, an; zu; geben
打电话	dǎ diànhuà	telefonieren

▶

126

Telefonanrufe: Teil A   Lektion 16

打	dǎ	machen, tätigen (einen Anruf); schlagen; spielen (Ballspiele)
电话	diànhuà	Telefon
拨	bō	wählen (bei Telefon mit Wählscheibe)
再	zài	wieder, noch
地区	dìqū	Gebiet, Region
号	hào	Nummer, Zahl; Größe
分钟	fēnzhōng	Minute
分	fēn	Minute
钟	zhōng	Uhr
太	tài	zu, zu sehr, extrem
贵	guì	teuer; wertvoll
用	yòng	benutzen
电话卡	diànhuàkǎ	Telefonkarte
卡	kǎ	Karte
买	mǎi	kaufen
邮局	yóujú	Postamt

商店	shāngdiàn	Geschäft
商	shāng	Unternehmen
店	diàn	Geschäft, Laden
卖	mài	verkaufen

Telefonanrufe: Teil A — Lektion 16

Dialog I · 对话一

SPRECHER A: *Deutscher* 德国人 ***Déguórén***

B: *Angestellte* 服务员 ***fúwùyuán***

A: 请问,怎么给德国打电话?
Qǐng wèn, zěnme gěi Déguó dǎ diànhuà?

B: 先拨 0 0 4 9,再拨地区号和电话号。
Xiān bō líng líng sì jiǔ, zài bō dìqūhào hé diànhuàhào.

A: 多少钱 一分钟?
Duōshǎo qián yì fēnzhōng?

B: 八块。
Bā kuài.

A: 太贵了。
Tài guì le.

B: 用电话卡不太贵。两块四一分钟。
Yòng diànhuàkǎ bú tài guì. Liǎng kuài sì yì fēnzhōng.

A: 在哪儿买?
Zài nǎr mǎi?

B: 邮局和商店都卖。
Yóujú hé shāngdiàn dōu mài.

| Lektion 16 | Telefonanrufe: Teil A |

Übersetzung von Dialog I

A: Entschuldigung, wie kann ich nach Deutschland telefonieren?

B: Wählen Sie erst 0049, dann die Vorwahl und die Telefonnummer.

A: Wie viel kostet das pro Minute?

B: Acht Yuan.

A: Das ist zu teuer.

B: Es ist nicht zu teuer, wenn Sie eine Telefonkarte benutzen, zwei Yuan und vierzig Fen pro Minute.

A: Wo kann ich eine kaufen?

B: Bei der Post oder in einem Geschäft.

Auf Chinesisch wird der Ausdruck *einen Telefonanruf tätigen* durch die Verb + Objekt Konstruktion 打电话 **dǎ diànhuà** ausgedrückt. Die Hauptbedeutung des Verbs 打 **dǎ** ist *schlagen*, es wird aber oft in Verb + Objekt Konstruktionen verwendet, um Handlungen wie *einen Anruf tätigen, eine Karte kaufen* oder *Ball spielen* auszudrücken.

拨 **bō** bedeutet *wählen*, genauer gesagt *eine Nummer auf einem Telefon mit Wählscheibe wählen*:

先拨 0049。 Wählen Sie erst 0049.
Xiān bō líng líng sì jiǔ.

Wenn das Telefon Tasten hat, sagt man besser 按 **àn** (drücken):

请先按 0049。 Wählen Sie bitte erst 0049.
Qǐng xiān àn líng líng sì jiǔ.

Telefonanrufe: Teil A   Lektion 16

分钟 **fēnzhōng** (Minute)

分 **fēn** ist eine Zeiteinheit, sie bedeutet *Minute*. 钟 **zhōng**
ist ein Nomen, es bedeutet *Uhr*, oder, in diesem Fall,
die Zeit auf der Uhr. 一分钟 **yì fēnzhōng** bedeutet *eine
Minute*. 分 **fēn** als Zähleinheitswort wird auch für Geld
verwendet; als Beispiel: 一分钱 **yì fēn qián** ist *ein Fen*.

卡 **kǎ** ist eine phonetische Übersetzung des Worts *Karte*.
Man fügt es anderen Wörtern an, um neue Nomen zu
bilden, wie 信用卡 **xìnyòngkǎ** (Kreditkarte), 提款卡
tíquǎnkǎ (Bankkarte) oder 卡片 **kǎpiàn** (Namenskar-
te). 卡 **kǎ** ist auch eine phonetische Übersetzung von *car*
(Auto), wie in 卡车 **kǎchē** (Lastwagen).

Wortschatz II • 生词二   2/04

Schriftzeichen	*Pinyin*	*Deutsch*
新	xīn	neu; frisch
园	yuán	Garten
宾馆	bīnguǎn	Hotel; Gästehaus
喂	wèi	Hallo (am Telefon oder um eine Person anzusprechen)
找	zhǎo	suchen; Wechselgeld geben (auch: „Ich will mit ... sprechen")

131

谁	shéi/shuí	wer
房间	fángjiān	Raum, Zimmer
的	de	(Funktionswort)
他/她	tā	er / sie
告诉	gàosu	sagen, erzählen, informieren
回	huí	zurückkehren; zurückgeben
贵姓	guì xìng	Wie ist Ihr Name?
姓	xìng	Nachname
叫	jiào	heißen; rufen
您的	nín de	Ihr(e) (Höflichkeitsform)
我的	wǒ de	meine
不客气。	Bú kèqi.	Nichts zu danken.
新园宾馆	Xīnyuán Bīnguǎn	Xinyuan Hotel
马丽莎	Mǎ Lìshā	(Personenname)

Telefonanrufe: Teil A · Lektion 16

| 护照 | hùzhào | Reisepass |

Dialog II · 对话二

SPRECHER *A: Ausländerin* 外国人 ***wàiguórén***
B: Hotelangestellter 服务员 ***fúwùyuán***

A: 喂，是新园宾馆吗？
Wèi, shì Xīnyuán Bīnguǎn ma?

B: 是，您找谁？
Shì, nín zhǎo shéi?

A: 我找314房间的马丽莎。
Wǒ zhǎo sān yāo sì fángjiān de Mǎ Lìshā[1].

B: 她不在。
Tā bú zài.

A: 请告诉她给我回电话。
Qǐng gàosu tā gěi wǒ huí diànhuà.

B: 请问，您贵姓？
Qǐng wèn, nín guì xìng?

Lektion 16 — Telefonanrufe: Teil A

A: 我姓商，叫商美英。
Wǒ xìng Shāng, jiào Shāng Měiyīng.

B: 您的电话是多少号？
Nín de diànhuà shì duōshǎo hào?

A: 我的电话是 6725–4831。谢谢！
Wǒ de diànhuà shì liù qī èr wǔ–sì bā sān yāo.
Xièxie!

B: 不客气。
Bú kèqi.

1 丽莎 **Lìshā** ist die chinesische Aussprache des Namens Lisa.

Übersetzung von Dialog II

A: Hallo. Ist dort das Xinyuan Hotel?

B: Ja, wen wünschen Sie zu sprechen?

A: Ich möchte mit Ma Lisha aus Zimmer 314 sprechen.

B: Sie ist nicht da.

A: Bitte sagen Sie ihr, sie soll mich zurückrufen.

B: Wie ist Ihr Name, bitte?

A: Mein Nachname ist Shang, mein voller Name ist Shang Meiying.

B: Wie lautet Ihre Telefonnummer?

A: Meine Nummer ist 6725-4831. Vielen Dank.

B: Nichts zu danken.

Telefonanrufe: Teil A   Lektion 16

她 **tā** (sie)
Im modernen Chinesisch steht das Pronomen 她 **tā** für
sie und das Pronomen 他 **tā** für *ihn*. Traditionell waren
aber alle Pronomen im Chinesischen geschlechtsneutral.
她 **tā** ist ein neues Schriftzeichen, das im 20. Jahrhundert
geschaffen wurde, als chinesische Gelehrte das Wort *sie*
aus westlichen Sprachen übersetzen wollten. Viele Chine-
sen schreiben immer noch 他, unabhängig davon, ob sie
einen Mann oder eine Frau meinen.

Telefonnummern aussprechen
In China sagt man jede Ziffer der Telefonnummer einzeln.
800 wird beispielsweise Acht-Null-Null ausgesprochen
(*nicht „Achthundert"*), und 3159 Drei-Eins-Fünf-Neun
(*nicht „Einunddreißig, Neunundfünfzig"*). Denken Sie
daran, wenn Sie eine Telefonnummer vorlesen, die 1 **yāo**
auszusprechen (statt **yī**).

Telefonkarten

In China gibt es zwei Grundarten
von Telefonkarten: IC-Karten und
IP-Karten. IC-Karten werden nur
von bestimmten öffentlichen Telefo-
nen angenommen, die **cíkǎ diànhuà** (Magnetkarten Te-
lefon) genannt werden. Die Kosten sind die gleichen wie
bei anderen öffentlichen Telefonen, für Ferngespräche
fällt eine besondere Gebühr an. IC-Karten können Sie bei
der Post erwerben, in Geschäften und großen Hotels. IC-
Karten können nicht genutzt werden, um von zu Hause
oder einem Hotelzimmer aus zu telefonieren. ▶

IP-Karten, auch 200er Telefonkarten genannt, werden verwendet, um von zu Hause oder von Hotelzimmern aus zu telefonieren. Man kann sie für Orts- und Ferngespräche nutzen. Mit diesen sind internationale Gespräche viel billiger als zu Standardpreisen. Sie können diese Karten in Geschäften erwerben, bei der Post und im Business Center großer Hotels. Bevor Sie die IP-Karte verwenden, müssen Sie die Beschichtung auf der Rückseite der Karte abkratzen. Auf der nächsten Seite sehen Sie eine typische 200er (IP) Telefonkarte. Hier eine Übersetzung der Anweisungen auf einer handelsüblichen IP-Karte:

Wie man einen Anruf tätigt:

- Heben Sie den Telefonhörer ab und wählen Sie 200.

- Wählen Sie (1) für Chinesisch; (2) für Kantonesisch; (3) für Englisch.

- Geben Sie die Kartennummer ein.

- Geben Sie die Geheimzahl ein.

- Wählen Sie (1) für Ferngespräche; (2) um zu prüfen, wie viele Minuten Guthaben übrig sind; (3) um die Geheimzahl zu ändern.

- Legen Sie auf.

Telefonanrufe: Teil A — Lektion 16

说明:
1. 保密处理:请您挂机后重新提机按任一键
2. 按＊键可取消输错的卡号或密码
3. 语言选择后,可不听提示语直接操作
4. 全省联网后异地使用时卡号为17550＋现有卡号
5. 遗忘密码处理:请拨电话9686800208

咨询电话:8818272 9686800200

Die Rückseite einer typischen IC-Karte (200er-Karte).

LEKTION

17 Telefonanrufe: Teil B

Das Fragewort 怎么 *zěnme (wie)*

Mit 怎么 **zěnme** fragt man nach der Art und Weise, in
der etwas geschieht. 怎么 **zěnme** steht immer vor dem
Hauptverb:

怎么换钱？ Zěnme huàn qián?	Wie wechsle ich Geld?
这个怎么卖？ Zhè ge zěnme mài?	Wie verkaufen Sie das? Wie wird das verkauft?

Wenn vor dem Hauptverb eine Präpositionalphrase steht,
sollte 怎么 **zěnme** vor die Präposition gesetzt werden:

怎么给德国打电话？ Zěnme gěi Déguó dǎ diànhuà?	Wie rufe ich nach Deutschland an?

Die Präposition 给 *gěi (für, an; zu)*

Im Ausdruck 给德国打电话 **gěi Déguó dǎ diànhuà**
(nach Deutschland telefonieren) ist 给 **gěi** die Präposition. Sie steht vor dem Hauptverb 打 **dǎ**. In diesem Kontext
wird 给 **gěi** verwendet, um einen Ort oder eine Person
einzuführen. Mit dem Verb *telefonieren* und einem Ort
wird 给 **gěi** im Deutschen mit *nach* übersetzt.

给中国打电话 gěi Zhōngguó dǎ diànhuà	nach China telefonieren

▶

138

Telefonanrufe: Teil B   Lektion 17

给北京打电话   nach Peking telefonieren
gěi Běijīng dǎ diànhuà

给你打电话   dich anrufen
gěi nǐ dǎ diànhuà

先 *xiān* … 再 *zài* … *(erst … dann …)*

先 **xiān**… 再 **zài**… wird verwendet, um eine Abfolge von
zwei Handlungen oder Ereignissen zu beschreiben. 先
xiān steht vor dem ersten, 再 **zài** vor dem zweiten Verb:

先买电话卡，再打电话。   Sie kaufen erst eine Telefon-
Xiān mǎi diànhuàkǎ,   karte, dann telefonieren Sie.
zài dǎ diànhuà.

太 *tài* … 了 *le (zu, zu sehr, extrem)*

太 **tài** ist ein Adverb, das ein Adjektiv hinsichtlich seiner
Intensität modifiziert. Es steht direkt vor dem modifizier-
ten Adjektiv. 太 **tài** … 了 **le** ist ein Muster, das mit jedem
Adjektiv genutzt werden kann. Als Beispiel:

太好了! Tài hǎo le!   Das ist großartig!

太多了! Tài duō le!   Das ist zu viel!

太客气了! Tài kèqi le!   Sie sind zu höflich!

Bei einem positiven Adjektiv, wie in den Beispielen oben,
steht am Ende 了 **le**. Wenn das Adjektiv negativ ist, ist das
太 **tài** optional. Als Beispiel: sowohl 太贵了 **tài guì le** (zu
teuer) als auch 太贵 **tài guì** (zu teuer) sind akzeptabel.

139

Die Partikel 的 de

的 **de** ist ein Funktionswort, das im Chinesischen verschiedene Verwendungen hat. In dieser Lektion lernen wir 的 **de** als Attributivpartikel kennen.

的 **de** wird oft hinter einem Wort, Ausdruck oder Abschnitt gesetzt, um ein Nomen näher zu bestimmen. 的 **de** wird hier verwendet wie im Deutschen *welche(r,s)*, *der/ die* oder *das*.

我找314房间的马丽莎。 Wǒ zhǎo sān yāo sì fángjiān de Mǎ Lìshā.	Ich suche Ma Lisha, die in Zimmer 314 wohnt.

的 **de** zwischen einem Pronomen oder Nomen und einem Bezugswort drückt ein Besitzverhältnis bzw. eine Beziehung aus:

您的 nín de	Ihr (Höflichkeitsform)
我的书 wǒ de shū	mein Buch
你的朋友 nǐ de péngyou	dein Freund
那是我的，不是你的。 Nà shì wǒ de, bú shì nǐ de.	Das ist meins, nicht deins.

Telefonanrufe: Teil B   Lektion 17

在 zài als Verb (sich befinden, in/an einem Ort sein)

马小姐在吗？ **Mǎ Xiǎojie zài ma?** ist ein häufig vorkommender Ausdruck, der *Ist Frau Ma da?* bedeutet. 在 **zài** wird hier als Verb genutzt und braucht keine Ortsbestimmung, da aus dem Kontext klar ist, dass der Ort 这儿 **zhèr** (hier) oder 那儿 **nàr** (dort) ist. Die verneinende Antwort ist 她不在。 **Tā bú zài.** (Sie ist nicht da.)

Sie haben 在 **zài** bereits als Präposition kennengelernt. 在 **zài** dient als Präposition, nicht als Verb, wenn es ein Hauptverb im Satz gibt und eine Ortsbestimmung auf 在 **zài** folgt: 在 **zài** + Ort + Verb.
Hier ein Beispiel von 在 **zài** als Präposition:

我在银行换钱。   Ich wechsle Geld in der Bank.
Wǒ zài yínháng huàn qián.

您贵姓？ *Nín guì xìng? (Wie heißen Sie?)*

您贵姓？ **Nín guì xìng?** (Wie heißen Sie?) ist eine höfliche Form, um nach dem Nachnamen einer Person zu fragen. Es ist ein fester Ausdruck, vor allem mit 您 **nín** (Sie), der Höflichkeitsform von 你 **nǐ**. 贵 **guì** bedeutet *wertvoll*, 姓 **xìng** bedeutet *heißen, Nachname*. 您贵姓 **Nín guì xìng?** wird auch ohne Fragewort als Frage verstanden.

Die Antwort ist:

我姓 …   Ich heiße …; Mein Nachname
Wǒ xìng …   ist …

141

姓 *xìng (heißen; Nachname)*

Normalerweise wird 姓 **xìng** als Verb verwendet. In einer Frage wird 姓 **xìng** von 什么 **shénme** (was) gefolgt, in der Antwort folgt ihm der Nachname:

您姓什么？
Nín xìng shénme?

Wie ist Ihr Nachname?

我姓商。
Wǒ xìng Shāng.

Mein Nachname ist Shang.

Die verneinende Form ist 不姓 **bú xìng**:

我不姓商；我姓张。
Wǒ bú xìng Shāng; wǒ xìng Zhāng.

Ich heiße nicht Shang; ich heiße Zhang.

Gelegentlich wird 姓 **xìng** als Nomen verwendet:

欧阳是我的姓。
Ōuyáng shì wǒ de xìng.

Ouyang ist mein Nachname.

Telefonanrufe: Teil B   Lektion 17

Wie

怎么 **zěnme** (wie) steht vor dem Hauptverb. Wenn vor
dem Hauptverb eine Präpositionalphrase steht, sollte 怎
么 **zěnme** vor die Präposition gesetzt werden.

Als Beispiel:

怎么给德国打电话？	Wie rufe ich nach
Zěnme gěi Déguó dǎ diànhuà?	Deutschland an?

Üben Sie Fragesätze mit 怎么 **zěnme**:

Zěnme	*Verb*	*Objekt*
怎么	打	电话？
Zěnme	dǎ	diànhuà?
Wie kann ich telefonieren?		
	换	钱？
	huàn	qián?
	买	电话卡？
	mǎi	diànhuàkǎ?
	炒	鸡丁？
	chǎo	jīdīng?
	买	饭票？
	mǎi	fànpiào (Essenscoupon)?
	用	这个？
	yòng	zhè ge?
	要	买单？
	yào	mǎidān?

143

Erst ... dann ...

先 **xiān** ...再 **zài** ... wird verwendet, um eine Abfolge von zwei Handlungen oder Ereignissen zu beschreiben. 先 **xiān** steht vor dem ersten Bestandteil, 再 **zài** vor dem zweiten. Üben Sie Sätze nach diesem Muster zu bilden.

Xiān	*Verb*	*Objekt*	*zài*	*Verb*	*Objekt*
先	拨	地区号，	再	拨	电话号。
Xiān	bō	dìqūhào,	zài	bō	diànhuàhào.

Wählen Sie erst die Vorwahl, dann die Telefonnummer.

买	电话卡，		打	电话。
mǎi	diànhuàkǎ,		dǎ	diànhuà.
拨	0 0 1，		拨	1 0。
bō	línglíngyāo,		bō	yī líng.
换	人民币，		买	饭票。
huàn	Rénmínbì,		mǎi	fànpiào.
找	你，		找	马丽莎。
zhǎo	ní,		zhǎo	Mǎ Lìshā.
喝	啤酒，		吃	饭。
hē	píjiǔ,		chī	fàn.

Telefonanrufe: Teil B   Lektion 17

Für, an; zu

Die Präposition 给 **gěi** steht vor dem „Empfänger" (Person oder Ort) einer Handlung. Im Deutschen wird dafür auch der Dativ verwendet.
Üben Sie diese Konstruktion indem Sie 给 **gěi** ergänzen:

Subjekt	*gěi + Ort oder Person*	*Verb*	*Objekt*
我	给 她	买	电话卡。
Wǒ	gěi tā	mǎi	diànhuàkǎ.

Ich kaufe ihr eine Telefonkarte.

您	商店	打	电话。
Nín	shāngdiàn	dǎ	diànhuà.
她	美国	回	电话。
Tā	Měiguó	huí	diànhuà.
我	你	买	咖啡。
Wǒ	nǐ	mǎi	kāfēi.
她	你	炒	鸡蛋。
Tā	nǐ	chǎo	jīdàn.

Zu viel

太 **tài** …了 **le** (zu, zu sehr, extrem) ist ein Muster mit einem Adjektiv zwischen 太 **tài** und 了 **le**, um ein Gefühl auszudrücken.

Tài	*Adj*	*le*
太	贵	了。
Tài	guì	le.

Das ist zu teuer.

▶

145

Lektion 17   Telefonanrufe: Teil B

Üben Sie mit den angegebenen Adjektiven neue Sätze
nach diesem Muster zu bilden.

好
hǎo

多
duō

少
shǎo

客气
kèqi

Besitzanzeige mit 的 *de*

Üben Sie die Possessivform, gebildet durch ein Personal-
pronomen oder Nomen gefolgt von 的 **de**:

Subjekt	*Verb*	*Objekt*
这	是	您的房间。
Zhè	shì	nín de fángjiān.
Dies ist Ihr Zimmer.		

我的电话号。
wǒ de diànhuàhào.

您的电话卡。
nín de diànhuàkǎ.

宾馆的电话。
bīnguǎn de diànhuà.

你的八百三十块人民币。
nǐ de bā bǎi sānshí kuài Rénmínbì.

我的护照。
wǒ de hùzhào (Reisepass).

146

Telefonanrufe: Teil B

在 zài (sich befinden, in/an einem Ort sein)

她不在 **Tā bú zài.** (Sie ist nicht da.) ist ein Ausdruck, in dem 在 **zài** als Verb verwendet wird und keine Ortsangabe folgt.

Frage			*Antwort*
Subjekt	***zài***	***ma***	*Negative/Positive Form*
马小姐	在	吗?	不在。/ 在。
Mǎ Xiǎojie	zài	ma?	Bú zài. / Zài.
Ist Frau Ma da?			(Nein, sie ist) nicht da. / (Ja, sie ist) da.

Üben Sie dieses Muster mit den unten angegebenen Subjekten:

王老师
Wáng lǎoshī (Lehrer Wang)

黄经理
Huáng jīnglǐ (Manager Huang)

主任
zhǔrèn (Büroleiter)

校长
xiàozhǎng (Schuldirektor)

翻译
fānyì (Übersetzer)

Suchen

找 **zhǎo** (suchen) wird oft verwendet, um *Ich möchte mit ... sprechen* (am Telefon) oder *Ich möchte ... besuchen* (bei Besuchen) zu bilden. Üben Sie dieses nützliche Muster.

Frage			*Antwort*		
Subj.	*Verb*	*Fragewort*	*Subj.*	*Verb*	*Objekt*
您	找	谁？	我	找	马 小姐。
Nín	zhǎo	shéi?	Wǒ	zhǎo	Mǎ xiǎojie.
Wen suchen Sie?			Ich suche Frau Ma.		
			我		黄小姐。
			Wǒ		Huáng xiǎojie.
			他		美国人。
			Tā		Měiguórén.
			外国人		翻译。
			Wàiguórén		fānyì. (Übersetzer)
			她		经理。
			Tā		jīnglǐ. (Manager)
			我		王老师。
			Wǒ		Wáng lǎoshī. (Lehrer Wang)

Telefonanrufe: Teil B   Lektion 17

Wie lautet Ihr Name? Wie heißen Sie?

Wenn Sie einen Chinesen zum ersten Mal treffen, fragen
Sie mit dieser höflichen Form nach seinem Nachnamen:
您贵姓？ **Nín guì xìng?** (Wie heißen Sie?)
Die Antwort ist: 我姓 **Wǒ xìng** … (Ich heiße …)

Frage			*Antwort*		
Qǐng wèn	*Subj.*	*Fragew.*	*Subj.*	*xìng*	*Name*
请问，	您	贵姓？	我	姓	商。
Qǐng wèn,	nín	guì xìng?	Wǒ	xìng	Shāng.
Entschuldigung, wie lautet			Mein Name ist Shang.		
Ihr Name?					

Üben Sie mit den folgenden Nachnamen Fragen und
Antworten nach diesem Muster zu bilden:

Frage			*Antwort*		
Qǐng wèn	*Subj.*	*Fragew.*	*Subj.*	*xìng*	*Name*
					钱 Qián
					张 Zhāng
					马 Mǎ
					江 Jiāng
					王 Wáng

Wenn Sie nach dem vollen Namen fragen wollen, sagen
Sie: 您叫什么？ **Nín jiào shénme?** *Wie heißen Sie?* Die
Antwort lautet: 我叫 **Wǒ jiào** … (Ich heiße …)

Frage				*Antwort*		
Qǐng wèn	*Subj.*	*jiào*	*Fragew.*	*Subj.*	*jiào*	*Name*
请问，	您	叫	什么？	我	叫	商美英。
Qǐng wèn,	nín	jiào	shénme?	Wǒ	jiào	Shāng Měiyīng.
Entschuldigung, wie heißen Sie?				Ich heiße Shang Meiying.		

▶

149

Üben Sie anhand der gegebenen Subjekte und Personennamen Fragen und Antworten nach diesem Muster zu bilden:

Fragesubjekt	Antwortsubjekt	Name
你	我	王民。
nǐ	wǒ	Wáng Mín.
他	他	张丁。
tā	tā	Zhāng Dīng.
她	她	李美。
tā	tā	Lǐ Měi.
那个人	那个人	吴用。
nà ge rén	nà ge rén	Wú Yòng.

Anmerkung zur Aussprache
Wie man „r" am Wortanfang spricht

Wenn man ein deutsches „r" ausspricht, sind die Lippen gerundet. Als Beispiel: „rechts", „runter". Wenn man im Chinesischen das „r" ausspricht, sind die Lippen eng beieinander und gespreizt. Die Zunge wird nach oben gerollt, die Zungenspitze nahe der Wurzel der oberen Zähne. Man spürt die Luft um die Zunge vibrieren. Der Unterkiefer sollte leicht nach vorne geschoben sein.

Pinyin	Schriftzeichen	Deutsch
rè	热	heiß
rén	人	Mensch
Rìběn	日本	Japan

Telefonanrufe: Teil B   Lektion 17

Übungen zur Aussprache

Lesen Sie die folgenden Wörter laut vor. Achten Sie besonders auf das „r" am Wortanfang.

2/06

Übung 1

Pinyin	Schriftzeichen	Deutsch
1) ràng	让	erlauben, lassen
2) rè	热	heiß
3) rèshuǐ	热水	heißes Wasser
4) rén	人	Mensch
5) réngjiù	仍旧	noch
6) suīrán	虽然	obwohl
7) rènao	热闹	geschäftig
8) rénkǒu	人口	Bevölkerung
9) dǎrǎo	打扰	stören
10) wūrǎn	污染	Verschmutzung

Lesen Sie die folgenden Wörter laut vor. Diese Wörter helfen Ihnen, Ihre Aussprache zu üben und Sie lernen gleichzeitig oft genutzte Berufsbezeichnungen kennen.

2/07

Übung 2

a. Dienstleistungen

1) xiǎojie	小姐	Kellnerin; Angestellte
2) fúwùyuán	服务员	Bedienung
3) chúshī	厨师	Koch
4) shòuhuòyuán	售货员	Verkäufer
5) yīshēng	医生	Arzt

▶

151

6)	guānyuán	官员	Beamte(r)
7)	lǐfàshī	理发师	Friseur
8)	ménwèi / kānménde	门卫 / 看门的	Pförtner, Portier
9)	sījī	司机	Fahrer, Chauffeur
10)	shòupiàoyuán	售票员	Schaffner, Fahrkar- tenverkäufer

b. Bildungswesen

1)	yuànzhǎng	院长	Dekan
2)	xiàozhǎng	校长	Rektor, Schuldirektor
3)	jiàoshòu	教授	Professor
4)	lǎoshī	老师	Lehrer
5)	jiàoshī	教师	Lehrer
6)	kēxuéjiā	科学家	Wissenschaftler
7)	dàxuésheng	大学生	Universitätsstudent
8)	xuésheng	学生	Student, Schüler
9)	zhōngxuésheng	中学生	Schüler (weiterfüh- rende Schule)
10)	xiǎoxuésheng	小学生	Grundschüler
11)	jiāzhǎng	家长	Eltern

Telefonanrufe: Teil B   Lektion 17

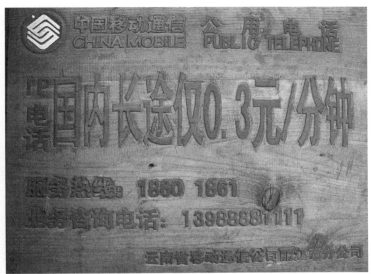

Zeichen für ein öffentliches IP Telefon.
Erkennen Sie einige der Schriftzeichen?

LEKTION

18 Telefonanrufe: Teil C

Übung 1 (2/08)

Hören Sie die Wörter auf der CD und schreiben Sie diese in Pinyin auf.

1)_____ 6)_____ 11)_____

2)_____ 7)_____ 12)_____

3)_____ 8)_____ 13)_____

4)_____ 9)_____ 14)_____

5)_____ 10)_____ 15)_____

Übung 2 (2/09)

Lesen und hören Sie den Dialog und beantworten Sie die Fragen.

A: *Deutsche* 德国人 ***Déguórén***

B: *Hotelangestellter* 服务员 ***fúwùyuán***

A: 请问，给德国打电话多少钱一分钟？
Qǐngwèn, gěi Déguó dǎ diànhuà duōshao qián yì fēn zhōng?

B: 给德国打电话三块五一分钟。
Gěi Déguó dǎ diànhuà sān kuài wǔ yì fēn zhōng.

A: 给日本打电话多少钱一分钟？
Gěi Rìběn dǎ diànhuà duōshao qián yì fēn zhōng?

B: 给日本打电话两块钱一分钟。
Gěi Rìběn dǎ diànhuà liǎng kuài qián yì fēn zhōng.

A: 用电话卡是不是便宜一点儿？
Yòng diànhuàkǎ shì bú shì piányi yì diǎnr?

B: 是，用电话卡便宜。
Shì, yòng diànhuàkǎ piányi.

A: 好。谢谢。
Hǎo. Xièxie.

B: 不谢。
Búxiè.

Telefonanrufe: Teil C — Lektion 18

Fragen:

1. Wie viel kostet ein Anruf nach Deutschland? _____

   _____

2. Wie viel kostet ein Anruf nach Japan? _____

   _____

   _____

3. Wie ist das Telefonieren günstiger? _____

   _____

Hören Sie die Wörter auf der CD und schreiben Sie diese in Pinyin auf.

2/10

Übung 3

1) _____

2) _____

3) _____

4) _____

5) _____

6) _____

7) _____

8) _____

9) _____

10) _____

155

Lektion 18   Telefonanrufe: Teil C

Übung 4

Ergänzen Sie das richtige Zähleinheitswort:

张	个	杯	瓶	块
zhāng	gè	bēi	píng	kuài

1) 我买一 _____ IP卡。

Wǒ mǎi yì _____ kǎ.

2) 我换一百 _____ 钱。

Wǒ huàn yìbǎi _____ qián.

3) 你要什么菜？我要一 _____ 鸡，三 _____ 馒头。

Nǐ yào shénme cài? Wǒ yào yí _____ jī, sān _____
mántou.

Übung 5

Ergänzen Sie das richtige Fragewort:

多少	哪儿	什么	谁	吗
duōshao	nǎr	shénme	shéi	ma

1) 一共 _____ 钱？

Yígòng _____ qián?

2) 在 _____ 买电话卡？

Zài _____ mǎi diànhuàkǎ?

3) 你们有 _____ 菜？
Nímen yǒu _____ cài?

4) 请问，马丽莎在 _____ ？

Qǐng wèn, Mǎ Lìshā zài _____ ?

Telefonanrufe: Teil C   Lektion 18

Sie befinden sich in einem Hotel in China und wollen
nach Deutschland telefonieren. Übersetzen Sie zur Vorbe-
reitung die folgenden Sätze ins Chinesische. Schreiben Sie
Ihre Übersetzung in Pinyin oder Schriftzeichen auf.

Übung 6

1) Wie rufe ich nach Deutschland an?

_____

_____

2) Welche Nummer soll ich zuerst wählen? _____

_____

_____

3) Wie viel kostet ein Anruf nach Deutschland pro Minu-
te?

_____

_____

_____

4) Das ist zu teuer. Wo kann ich eine Telefonkarte kaufen?

_____

_____

Chinesische Namen

Die Reihenfolge chinesischer Namen ist anders als im Deutschen: der Nachname wird zuerst genannt, dann kommt der Vorname. Chinesische Nachnamen bestehen meist aus nur einem Schriftzeichen, wie zum Beispiel: **Zhào** 赵, **Qián** 钱, **Sūn** 孙, **Lǐ** 李, **Zhōu** 周, **Wú** 吴, **Zhèng** 郑 und **Wáng** 王. Es gibt nur wenige Nachnamen mit zwei Schriftzeichen, wie **Ōuyáng** 欧阳, **Sīmǎ** 司马 und **Shàngguān** 上官. Chinesische Vornamen bestehen meist aus einem oder zwei Schriftzeichen. Im heutigen China nehmen die Frauen nach der Heirat nicht mehr den Familiennamen des Mannes an.

Öffentliche Telefone

Es gibt öffentliche Telefone auf der Straße, an Bahnhöfen und in Geschäften. Achten Sie auf das Schild 公用电话 **gōngyòng diànhuà** (öffentliches Telefon). Es gibt Münz- und Kartentelefone. Die meisten öffentlichen Telefone haben jedoch einen Aufseher, bei dem Sie bezahlen, nachdem Sie telefoniert haben. Sie können auch von öffentlichen Telefonen aus Ferngespräche führen, dies kostet jedoch eine gesonderte Gebühr.

LEKTION

Im Hotel: Teil A

19

Wichtige Redewendungen

2/11

你住哪个房间？ Nǐ zhù nǎ ge fángjiān?	In welchem Zimmer wohnst Du?
我需要…. Wǒ xūyào….	Ich brauche….
请等一会儿。 Qǐng děng yí huìr.	Warten Sie bitte.
能换床单吗？ Néng huàn chuángdān ma?	Könnten Sie die Laken wechseln?
…坏了。 …huài le.	…ist kaputt.

Wortschatz I · 生词一

2/12

Schriftzeichen	Pinyin	Deutsch
需要	xūyào	brauchen
条	tiáo	(Zähleinheitswort für lange, dünne Dinge)
毛巾	máojīn	Handtuch

159

块	kuài	(Zähleinheitswort für Stücke, klumpen-förmige Dinge)
肥皂	féizào	Seife
衣架	yījià	Kleiderbügel
住	zhù	wohnen
哪个	nǎ ge	welche(r,s)
送	sòng	senden, liefern
去	qù	gehen; weg (bezeich-net nach einem Verb die Richtung weg vom Sprecher)
卫生纸	wèishēngzhǐ	Toilettenpapier
等	děng	warten
一会儿	yí huìr	einen Augenblick, einen Moment

Im Hotel: Teil A   Lektion 19

Dialog I · 对话一

SPRECHER A: Hotelgast 房客 **fángkè**
B: Hotelangestellte 服务员 **fúwùyuán**

A: 小姐，我需要两条毛巾，一块肥皂，三个衣架。
Xiǎojie, wǒ xūyào liǎng tiáo máojīn, yí kuài féizào, sān ge yījià.

B: 你住哪个房间？
Nǐ zhù nǎ ge fángjiān?

A: 405 房间。
Sì líng wǔ fángjiān.

B: 我 给你送去。
Wǒ gěi nǐ sòng qù.

A: 我还要卫生纸。
Wǒ hái yào wèishēngzhǐ.

B: 我等一会儿 送去。
Wǒ děng yí huìr sòng qù.

A: 谢谢！
Xièxie!

B: 不客气。
Bú kèqi.

Übersetzung von Dialog I

A: Fräulein, ich brauche zwei Handtücher, ein Stück Seife und drei Kleiderbügel.

B: In welchem Zimmer sind Sie?

Lektion 19 | Im Hotel: Teil A

A: Zimmer 405.

B: Ich bringe die Sachen auf Ihr Zimmer.

A: Ich brauche auch noch Toilettenpapier.

B: Ich bringe es gleich.

A: Vielen Dank!

B: Nichts zu danken.

Zahlen lesen:

Eine zweistellige Zahl wird als ganze Zahl mit Einheitsangaben ausgesprochen (nicht Ziffer für Ziffer). Als Beispiel:

18	shíbā
22	èrshíèr
96	jĭushíliù

Dreistellige Zahlen können als Ganzes mit Einheit oder Ziffer für Ziffer gesprochen werden:

405	sìbăilĭngwŭ *oder* sì lĭng wŭ
713	qībăiyīshísān *oder* qī yī sān

Zahlen mit vier oder mehr Ziffern werden Ziffer für Ziffer gesprochen, ausgenommen große runde Zahlen, die auch als Ganzes mit Einheit gesprochen werden können:

17,924	yíwànqīqiānjiŭbăièrshísì
2002	èr líng líng èr
2,000	èr líng líng líng *oder* liăngqiān

给 **gĕi** ist eine Präposition, die *für, an; zu* bedeutet. Man verwendet sie, wenn man einer Person etwas gibt oder bringt oder für eine Person etwas macht. Als Beispiel:

我 给 你 送 去。 Ich werde es Ihnen bringen.
Wŏ gĕi nĭ sòng qù.

▶

Im Hotel: Teil A   Lektion 19

Hier ist die Verwendung anders als bei 给 **gěi** als Verb, welches *geben* bedeutet.

Bei 送 **sòng** in der Bedeutung von *schicken* oder *liefern* spielt die Entfernung zwischen zwei Orten keine Rolle. Beachten Sie aber, wenn ein Brief per Post geschickt wird, sagt man 寄 **jì**, nicht 送 **sòng**.

Wortschatz II • 生词二

2/14

Schriftzeichen	*Pinyin*	*Deutsch*
能	néng	können, in der Lage sein
打扫	dǎsǎo	säubern, reinigen
你的	nǐ de	dein(e)
再来	zài lái	wiederkommen, zurückkommen
现在	xiànzài	jetzt, gerade
可以	kěyǐ	können, dürfen; die Erlaubnis haben
床单	chuángdān	Bettlaken
床	chuáng	Bett

163

厕所	cèsuǒ	Toilette
坏	huài	schlecht; kaputt; verdorben
坏了	huài le	außer Betrieb; kaputt gegangen
灯	dēng	Lampe
修	xiū	reparieren

Im Hotel: Teil A — Lektion 19

Dialog II · 对话二

SPRECHER A: *Hotelgast* 房客 ***fángkè***
B: *Hotelangestellte* 服务员 ***fúwùyuán***

A: 谁？请等一会儿。
Shéi? Qǐng děng yí huìr.

B: 能打扫你的房间 吗？
Néng dǎsǎo nǐ de fángjiān ma?

A: 请等 一会儿再来。
Qǐng děng yí huìr zài lái.

* * *

A: 小姐,现在可以打扫我的房间了。请换床单。
Xiǎojie, xiànzài kěyǐ dǎsǎo wǒ de fángjiān le. Qǐng huàn chuángdān.

B: 好。
Hǎo.

A: 我的厕所 坏了，灯也 坏 了。
Wǒ de cèsuǒ huài le, dēng yě huài le.

B: 一会儿给你修。
Yí huìr gěi nǐ xiū.

Lektion 19   Im Hotel: Teil A

Übersetzung von Dialog II

A: Wer ist da? Einen Augenblick, bitte.

B: Darf ich Ihr Zimmer sauber machen?

A: Kommen Sie bitte später wieder.

* * *

A: Fräulein, Sie können jetzt mein Zimmer sauber
     machen. Wechseln Sie bitte die Bettlaken.

B: In Ordnung.

A: Die Toilette funktioniert nicht und die Lampe ist
     auch kaputt.

B: Das werden wir gleich reparieren.

Im Hotel: Teil B

LEKTION 20

Die Zähleinheitswörter 条 tiáo (lange, dünne Dinge) und 块 kuài (Stück, Klumpen)

条 **tiáo** ist ein Zähleinheitswort für lange, dünne Dinge, wie zum Beispiel:

两条毛巾 liǎng tiáo máojīn	zwei Handtücher
一条鱼 yì tiáo yú	ein Fisch
一条街 *oder* 一条路 yì tiáo jiē *oder* yì tiáo lù	eine Straße
一条裤子 yì tiáo kùzi	eine Hose

块 **kuài** ist ein Zähleinheitswort für Stücke, zum Beispiel:

一块饼 yí kuài bǐng	ein gebratener Fladen
一块肉 yí kuài ròu	ein Stück Fleisch
一块糖 yí kuài táng	ein Bonbon
一块肥皂 yí kuài féizào	ein Stück Seife

Sie haben bereits gelernt, dass 块 **kuài** umgangssprachlich als Zähleinheitswort für Geld genutzt wird (一块钱 **yí kuài qián**, ein Yuan). Ursprünglich bestand chinesisches Geld aus Metallstücken.

Lektion 20 — Im Hotel: Teil B

Einfache Richtungskomplemente 去 qù (weg) / 来 lái (hin)

Die einfachen Richtungskomplemente 去 **qù** (weg) und 来 **lái** (hin) folgen oft einem Verb und zeigen an, in welche Richtung die Handlung geht, vom Sprecher aus gesehen. Während Hauptverb + 去 **qù** bedeutet, dass sich die Handlung vom Sprecher weg bewegt, bezeichnet Hauptverb + 来 **lái** eine Handlung zum Sprecher hin. Als Beispiel: 送去 **sòng qù** (schicken nach) besteht aus zwei Verben. 送 **sòng** ist das Hauptverb, 去 **qù** das Sekundarverb als einfaches Richtungskomplement.

Das Adverb 一会儿 yí huìr (einen Augenblick)

等一会儿 **děng yí huìr** bedeutet entweder *kurz warten* oder einfach nur *nachher*. Als Beispiel, 请等一会儿再来 **Qǐng děng yí huìr zài lái** bedeutet *Kommen Sie bitte später wieder*.

Die Modalverben 能 néng (können, in der Lage sein) und 可以 kěyǐ (können, dürfen)

In den Dialogen von Lektion 19 werden sowohl 能 **néng** als auch 可以 **kěyǐ** in der Bedeutung *erlaubt sein* verwendet. Beide werden vor das Verb gestellt:

能打扫你的房间吗？ Néng dǎsǎo nǐ de fángjiān ma?	Darf ich Ihr Zimmer sauber machen?
你可以打扫我的房间了。 Nǐ kěyǐ dǎsǎo wǒ de fángjiān le.	Sie dürfen jetzt mein Zimmer sauber machen.

Im Hotel: Teil B   Lektion 20

In anderen Fällen bezieht sich 能 **néng** auf die physische
Fähigkeit, etwas zu tun, während 可以 **kěyǐ** sich darauf
bezieht, die Erlaubnis zu haben, etwas zu tun.

可以 打电话吗？   Darf ich telefonieren?
Kěyǐ dǎ diànhuà ma?

你不能 打电话。电话坏了。   Du kannst nicht tele-
Nǐ bù néng dǎ diànhuà.   fonieren. Das Telefon ist
Diànhuà huài le.   kaputt.

Die negative Form von 能 **néng** und 可以 **kěyǐ** wird
mit 不 **bù** gebildet: 不能 **bù néng** bedeutet *nicht können*
und 不可以 **bù kěyǐ** bedeutet *nicht dürfen*. Beachten Sie
jedoch, dass die Verwendung von 能 **néng** und 可以 **kěyǐ**
in den Dialogen in Lektion 19 oft nicht deutlich getrennt
ist. In manchen Situationen sind 不能 打电话 **bù néng
dǎ diànhuà** und 不可以打电话 **bù kěyǐ dǎ diànhuà** frei
austauschbar.

Die Partikel 了 *le: eine neue Situation*

Sie haben bereits gelernt, dass die Partikel 了 le nach
einem Verb eine abgeschlossene Handlung anzeigt. 了
le bezieht sich nicht auf Vergangenheit, Gegenwart oder
Zukunft, sondern betont, dass die Handlung beendet ist.
Außerdem haben Sie gelernt, dass 了 **le** am Satzende eine
Situationsveränderung anzeigt.

现在可以打扫我的房间了 **Xiànzài kěyǐ dǎsǎo wǒ de
fángjiān le** (Sie können jetzt das Zimmer sauber machen)
bedeutet genau genommen *jetzt ist die Zeit, zu der Sie die
Erlaubnis haben, mein Zimmer sauber zu machen* (vorher
durften Sie nicht).   ▶

169

Lektion 20   Im Hotel: Teil B

我的厕所坏了 **Wǒ de cèsuǒ huài le** (Meine Toilette ist kaputt) bedeutet *jetzt stimmt etwas mit meiner Toilette nicht mehr* (vorher war alles in Ordnung).

Zähleinheitswörter

Fragen Sie gemäß der unten angegebenen Satzstruktur nach Dingen. Nutzen Sie die Zähleinheitswörter.

Subj.	*Verb*	*Anzahl*	*Zähleinheitswort*	*Objekt*
我	需要	一	条	毛巾。
Wǒ	xūyào	yì	tiáo	máojīn.

Ich brauche ein Handtuch.

		一	块	肥皂。
		yí	kuài	féizào.
		两	个	衣架。
		liǎng	ge	yījià.
		一	瓶	水。
		yì	píng	shuǐ.
		三	个	杯子。
		sān	ge	bēizi.
		一	卷	卫生纸。
		yì	juǎn	wèishēngzhǐ.
		一	条	床单。
		yì	tiáo	chuángdān.
		一	个	房间。
		yí	ge	fángjiān.
		一	个	灯。
		yí	ge	dēng.

Im Hotel: Teil B

In welchem Zimmer sind Sie?

你住哪个房间 **Nǐ zhù nǎ ge fángjiān?** (In welchem Zimmer sind Sie?) ist eine häufige Frage, die Hotelangestellte stellen, wenn etwas auf Ihr Zimmer geschickt werden soll.

Frage				*Antwort*		
Subj.	*Verb*	*Frag.*	*Objekt*	*Subj.*	*Verb*	*Objekt*
你	住	哪个	房间？	我	住	405 号房间。
Nǐ	zhù	nǎ ge	fángjiān?	Wǒ	zhù	sì lǐng wǔ hào fángjiān.

In welchem Zimmer sind Sie?

Ich bin in Zimmer 405.

Üben Sie nach diesem Muster Fragen zu stellen und Antworten zu geben:

Frage				*Antwort*		
Subj.	*Verb*	*Fragewort*	*Objekt*	*Subj.*	*Verb*	*Objekt*
		多少号 duōshao hào				214.
		多少号 duōshao hào	房间 fángjiān			321.
		哪儿 nǎr				533.
		哪个房间 nǎ ge fángjiān				这个房间。 zhè ge fángjiān.

171

Weg / hin

Üben Sie das Satzmuster mit Verb + einfachem Komplement: 去 **qù** zeigt eine Handlung in Richtung vom Sprecher *weg* an, 来 **lái** zeigt eine Handlung in Richtung auf den Sprecher *hin* an:

Subj.	Verb	Objekt	Subj.	Präp.-phrase	Verb + **qù/lái**
我 Wǒ	要 yào	两个衣架。 liǎng ge yījià.	我 Wǒ	给你 gěi nǐ	送去 / 送来。 sòng qù / sòng lái.

Ich brauche zwei Kleiderbügel. Ich bringe sie Ihnen gleich.

	一条毛巾。 yì tiáo máojīn.		送来。 sòng lái.
	三块肥皂。 sān kuài féizào.		送去。 sòng qù.
	两个杯子。 liǎng ge bēizi.		送去。 sòng qù.
还要 hái yào	卫生纸。 wèishēngzhǐ.		送来。 sòng lái.
	电话卡。 diànhuàkǎ.		买去。 mǎi qù.
	人民币。 Rénmínbì.		换去。 huàn qù.

Im Hotel: Teil B   Lektion 20

Bald

Üben Sie die Verwendung von 一会儿 **yí huìr** mit der
Bedeutung *etwas bald machen, nachher*:

Subjekt	*Verb*	***yí huìr***	*and. Satzteile*
我	等	一会儿	送 去。
Wǒ	děng	yí huìr	sòng qu.
Ich werde es bald bringen.			
	去	一会儿。	
	qù	yí huìr.	
	看	一会儿	书。
	kàn	yí huìr	shū (Buch).
请	等	一会儿	打扫我的 房间。
Qǐng	děng	yí huìr	dǎsǎo wǒ de fángjiān.
	等	一会儿	再来。
	děng	yí huìr	zài lái.
	坐	一会儿。	
	zuò	yí huìr.	

In der Lage sein

Üben Sie Fragen mit 能 **néng** (können, in der Lage sein)
gefolgt von einem Verb zu stellen und zu beantworten.

Subjekt	*Modalverb*	*Verb*	*Objekt*
我	能不能	打扫	房间？
Wǒ	néng bù néng	dǎsǎo	fángjiān?
Darf ich das Zimmer sauber machen?			

▶

173

Antworten Sie mit 能 **néng** oder 不能 **bù néng**.			
Subjekt	*Modalverb*	*Verb*	*Objekt*
		换	美元?
		huàn	Měiyuán?
		修	灯?
		xiū	dēng?
		买	电话卡?
		mǎi	diànhuàkǎ?
		换	床单?
		huàn	chuángdān?
		修	厕所?
		xiū	cèsuǒ?

Die Erlaubnis haben

Üben Sie Fragen mit 可以 **kěyǐ** (können, dürfen) gefolgt von einem Verb zu stellen und zu beantworten.
Denken Sie daran, dass das Zeitwort 现在 **xiànzài** entweder am Satzanfang oder direkt nach dem Subjekt, also vor dem Verb stehen muss. Es kann nie am Satzende stehen.

„Jetzt"	*Subj.*	*Hilfsverb*	*Verb*	*Objekt*	***ma***
现在	我	可以	打	电话	吗?
Xiànzài	wǒ	kěyǐ	dǎ	diànhuà	ma?

Darf ich jetzt telefonieren?

Antworten Sie mit 可以 **kěyǐ** oder 不可以 **bù kěyǐ**.

Üben Sie diese Satzstruktur mit den angegebenen Verben und Objekten:

►

Im Hotel: Teil B

用	你的电话
yòng	nǐ de diànhuà
去	银行
qù	yínghàng
吃	饭
chī	fàn
找	马小姐
zhǎo	Mǎ xiǎojie

kaputt sein, defekt sein

坏了 **huài le** (außer Betrieb sein, kaputt sein) ist ein nützlicher Ausdruck um mitzuteilen, dass etwas defekt ist und repariert werden muss.

Üben Sie diesen Ausdruck mit der Aspektpartikel 了 **le**, um eine neue oder geänderte Situation anzuzeigen.

Thema	*Verb*	*Partikel*
电话	坏	了。
Diànhuà	huài	le.
Das Telefon ist kaputt.		

厕所
Cèsuǒ

杯子
Bēizi

灯
Dēng

床
Chuáng

菜 (In diesem Fall bedeutet 坏 **huài** *schlecht, verdorben*)
Cài

175

Anmerkung zur Aussprache
Vokale „ü" und „u"

Die chinesischen Vokale „u" und „ü" werden wie im Deutschen ausgesprochen. Bei „ü" wird die Zungenspitze an die Rückseite der unteren Zähne gelegt. Bei „u" bleibt die Zunge den Zähnen fern, die Spitze berührt keine Stelle des Mundes. Beachten Sie, dass im Pinyin der Umlaut nur nach „l" und „n" ausgeschrieben wird.
Versuchen Sie diese Beispiele:

2/16

Pinyin	Schriftzeichen	Deutsch
1) lù [wie „**Lu**nge"]	路	Straße
2) lǜ [wie „**Lü**ge"]	绿	Grün
3) nú [wie „**Nu**mmer"]	奴	Sklave
4) nǚ [wie „**Nü**rnberg"]	女	Frau

Im Hotel: Teil B   Lektion 20

Übungen zur Aussprache

Lesen Sie die folgenden Wörter laut vor. Achten Sie auf
den Unterschied zwischen „u" und „ü".

2/17

Übung 1

„ü" (nach „y" oder „j" wird „ü" ohne Umlaut geschrieben, aber gleich ausgesprochen):

Pinyin	Schriftzeichen	Deutsch
1) yú	鱼	Fisch
2) nǚ háizi	女孩子	Mädchen
3) jūnduì	军队	Armee, Truppe

„u" ohne Umlaut:

Pinyin	Schriftzeichen	Deutsch
4) rúguǒ	如果	wenn
5) nǔlì	努力	schwere Arbeit; fleißig
6) dùzi	肚子	Bauch
7) zhǔnbèi	准备	vorbereiten

Lesen Sie die folgenden Wörter laut vor, achten Sie auf
den Unterschied zwischen „u" und „ü".

2/18

Übung 2

Pinyin	Schriftzeichen	Deutsch
1) dìtú	地图	Landkarte
2) fùnǚ	妇女	Frau
3) lǚxíng	旅行	reisen
4) chūqù	出去	ausgehen; hinausgehen

▶

| 5) cù | 醋 | Essig |
| 6) lúzi | 炉子 | Ofen |

2/19 Übung 3

Jede Silbe unten hat einen Anlaut und einen Auslaut, die zusammen ein komplettes Wort ergeben. Lesen Sie die An- und Auslaute, dann das ganze Wort. Überprüfen Sie Ihre Aussprache durch die CD.

Gruppe A:	Gruppe B:	Gruppe C:	Gruppe D:
g āi	y áng	d āi	zh uāng
k uài	w ōng	t uì	ch í
h uǎn	ü ān	l ún	sh ùn
		n uǎn	r èn

2/20 Übung 4

Lesen Sie die folgenden medizinischen Begriffe laut vor.

1) shēntǐ	身体	Körper
2) bízi	鼻子	Nase
3) bèi	背	Rücken
4) ěrduo	耳朵	Ohr
5) dùzi	肚子	Bauch
6) gēbo	胳膊	Arm
7) liǎn	脸	Gesicht
8) yāo	腰	Hüfte
9) shétou	舌头	Zunge

Im Hotel: Teil B   Lektion 20

10) shǒu	手	Hand
11) tóu	头	Kopf
12) tuǐ	腿	Bein
13) yǎnjīng	眼睛	Auge
14) zhǐjia	指甲	Fingernagel
15) yá	牙	Zahn
16) zhèngzhuàng	症状	Symptome
17) fāshāo	发烧	Fieber
18) fālěng	发冷	Kälteschauer
19) fāyán	发炎	Entzündung
20) gǎnmào	感冒	Erkältung
21) guòmǐn	过敏	Allergie
22) késou	咳嗽	Husten
23) hūxī	呼吸	atmen
24) tóuyūn	头晕	schwindelig
25) tù	吐	sich übergeben
26) lā dùzi	拉肚子	Durchfall
27) liúbítì	流鼻涕	laufende Nase
28) liúxuè	流血	Blutung
29) shāoshāng	烧伤	Verbrennung
30) téng	疼	Schmerzen

179

Lektion 20　　　　　　　　　　　　　　　　　　　Im Hotel: Teil B

2/21

Übung 5

Lesen Sie die folgenden Begriffe aus dem Krankenhaus sowie die ärztlichen Anweisungen laut vor.

Abteilungen im Krankenhaus:

1)	yīyuàn	医院	Krankenhaus
2)	yīwùshì	医务室	Klinik
3)	guàhàochù	挂号处	Registrierungsbüro
4)	nèikē	内科	Abteilung für innere Medizin
5)	wàikē	外科	Chirurgie
6)	yákē	牙科	Zahnmedizin
7)	jízhěnshì	急诊室	Notaufnahme
8)	qǔyàochù/ yàofáng	取药处/ 药房	Apotheke, Medizinausgabe
9)	huàyànshì	化验室	Labor
10)	X-guāng shì	X光室	Röntgenzimmer
11)	zhùshèshì	注射室	Injektionszimmer
12)	zhùyuànchù	住院处	Büro zur stationären Aufnahme

Ärztliche Anweisungen:

13) Qǐng bǎ zuǐ zhāngkāi.　　Öffnen Sie bitte Ihren
    请把嘴张开.　　　　　　Mund.
14) Qǐng bǎ shétou shēn chūlái. Strecken Sie bitte Ihre
    请把舌头伸出来.　　　　Zunge heraus.

Im Hotel: Teil B   Lektion 20

15) Shēn hūxī.   Atmen Sie tief ein.
    深呼吸.

16) Qǐng bǎ yīfu tuōdiào.   Legen Sie bitte Ihre
    请把衣服脱掉.   Kleider ab.

17) Tǎngxià.   Legen Sie sich hin.
    躺下

18) Zhàn qǐlái.   Stehen Sie auf.
    站起来.

19) Qǐng bǎ xiùzi juǎn qǐlái.   Rollen Sie bitte Ihre
    请把袖子卷起来.   Ärmel hoch.

LEKTION

21 Im Hotel: Teil C

2/22

Übung 1

Hören Sie die Ausdrücke und Redewendungen und schreiben Sie diese in Pinyin.

1)_____ lì   9) fǎ _____

2)_____ shì   10) mǎ _____

3)_____ xíng   11) fù _____

4)_____ lì   12) mì _____

5)_____ xùn   13) fèn _____

6)_____ shī   14) kǎo _____

7)_____ zi   15) bùjué _____

8)_____ zi

2/23

Übung 2

Lesen und hören Sie den Dialog und beantworten Sie die folgenden Fragen.

Lernen Sie zuvor diese neuen Wörter.

zěnmeyàng	怎么样	wie
búcuò	不错	nicht schlecht
liàng	亮	hell
gānjìng	干净	sauber

A: *Deutsche* 德国人 ***Déguórén***

B: *Chinese* 中国人 ***Zhōngguórén***

A: 你住在几号房间？
   Nǐ zhù zài jǐhào fángjiān?
B: 我住在302号房间。
   Wǒ zhù zài sān líng èr hào fángjiān.

Im Hotel: Teil C   Lektion 21

A: 那个房间怎么样？
   Nà ge fángjiān zěnmeyàng?

B: 那个房间不错，很亮，很干净。你住在几号？
   Nà ge fángjiān búcuò, hěn liàng, hěn gānjing. Nǐ zhù zài jǐhào?

A: 我住在306号。那个房间不太好。
   Wǒ zhù zài sān líng liù hào. Nà ge fángjiān bú tài hǎo.

B: 怎么不好？
   Zěnme bù hǎo?

A: 那个房间没有毛巾，床单也不太干净。
   Nà ge fángjiān méiyǒu máojīn, chuángdān yě bú tài gānjing.

B: 你告诉服务员了吗？
   Nǐ gàosu fúwùyuán le ma?

A: 告诉了。他们说给我送毛巾来，也给我换床单。
   Gàosu le. Tāmen shuō gěi wǒ sòng máojīn lái, yě gěi wǒ huàn chuángdān.

Entscheiden Sie, ob die folgenden Aussagen richtig oder falsch sind.

1) Der Chinese wohnt in Zimmer Nummer 302.

   Richtig ( )   *Falsch* ( )

2) Das Zimmer der Deutschen ist in gutem Zustand.

   Richtig ( )   *Falsch* ( )

3) Der Chinese braucht neue Handtücher und Laken.

   Richtig ( )   *Falsch* ( )

4) Der Bedienstete wird Handtücher bringen und die Laken wechseln.

   Richtig ( )   *Falsch* ( )

183

Lektion 21   Im Hotel: Teil C

Übung 3

Wie viele der folgenden Dinge können Sie auf Chinesisch benennen? Schreiben Sie die Namen in Pinyin.

1) Handtücher _____

2) Seife _____

3) Toilettenpapier _____

4) Kleiderbügel _____

Übung 4

Um Ihren Aufenthalt in einem Hotel in China vorzubereiten, übersetzen Sie die folgenden Sätze ins Chinesische. Schreiben Sie in Pinyin oder Schriftzeichen.

1) Ich brauche eine Rolle Toilettenpapier und drei Kleiderbügel. _____

    _____

2) Meine Lampe ist kaputt. _____

    _____

3) Wer ist da? Kommen Sie bitte später wieder. _____

    _____

4) Sie können jetzt das Zimmer sauber machen. Können Sie meine Laken wechseln? _____

    _____

5) Bringen Sie bitte ein Stück Seife und zwei Handtücher auf mein Zimmer. Ich bin in Zimmer 312. Danke. _____

    _____

Im Hotel: Teil C   Lektion 21

Hotel-Kategorien

Der chinesische Name eines Hotel verrät bereits seine Klasse. 宾馆 **bīnguǎn**, 饭店 **fàndiàn** und 酒店 **jiǔdiàn** sind für gewöhnlich vier bis fünf Sterne Hotels, in denen die meisten Ausländer wohnen. Die Angestellten dieser Hotels sprechen meist Englisch. 旅馆 **lǚguǎn** oder 旅店 **lǚdiàn** sind normalerweise drei Sterne (oder weniger) Hotels, die Angestellten sprechen selten Englisch. 招待所 **zhāodàisuǒ** (Gästehäuser oder Hostels) und 疗养院 **liáoyǎngyuàn** (Sanatorien) gehörten ursprünglich staatlichen Unternehmen oder Regierungsabteilungen. Seit Mitte der 80er Jahre, im Zuge der Wirtschaftsreform, wurden diese meist zu Hotels. In der Regel sind diese Hotels sehr günstig, allerdings dürfen Ausländer hier nur in wenigen Ausnahmefällen wohnen.

Zimmerprüfung beim Checkout

Wenn Sie ein Hotel in China verlassen, wird man Sie an der Rezeption bitten zu warten, während jemand das Zimmer inspiziert, um sicher zu stellen, dass alles in Ordnung ist. Dies ist eine Routineprüfung beim Verlassen eines Hotels, die bei jedem durchgeführt wird.

LEKTION

22 Nach dem Weg fragen: Teil A

Wichtige Redewendungen

请问，大门在哪儿？ Qǐng wèn, dàmén zài nǎr?	Entschuldigen Sie, wo ist das Haupttor?
德文系怎么走？ Déwénxì zěnme zǒu?	Wie komme ich zur Germanistik-Abteilung?
一直走 yìzhí zǒu	geradeaus gehen
左转 / 右转 zuǒ zhuǎn / yòu zhuǎn	links / rechts abbiegen
附近有网吧吗？ Fùjìn yǒu wǎngbā ma?	Gibt es ein Internetcafé in der Nähe?

Wortschatz I · 生词一

Schriftzeichen	Pinyin	Deutsch
德文系	Déwénxì	Germanistik-Abteilung
德文	Déwén	Deutsch, deutsche Sprache und Literatur
德语	Déyǔ	Deutsch, deutsche Sprache
系	xì	Abteilung (an einer Universität)

186

Nach dem Weg fragen: Teil A

前	qián	vor; vorne; vorwärts; vorhergehend
前边	qiánbian	vorne; vor
走	zǒu	gehen, verlassen
一直	yìzhí	gerade; geradeaus; immer weiter
经过	jīngguò	passieren, vorbeikommen
大门	dàmén	Haupttor, Haupteingang
大	dà	groß; alt (wenn auf Alter bezogen)
门	mén	Eingang, Tür, Tor
往	wǎng/wàng	gehen; nach, in Richtung auf
右	yòu	rechts; rechterhand
右边	yòubian	rechte Seite; rechts
转	zhuǎn	drehen, wechseln, abbiegen

中文系	Zhōngwénxì	Sinologie-Abteilung
中文	Zhōngwén	Chinesisch
旁边	pángbian	Seite; neben, bei
外教	wàijiào	ausländischer Lehrer (Kurzform von 外国 教师 wàiguó jiàoshī)
教	jiāo/jiào	lehren
吧	ba	(verwendet, um einen schwachen Imperativ zu bilden; Zustimmung oder Gewissheit auszudrücken, Widerwillen oder Zögern zu zeigen)
附近	fùjìn	nahe bei; in der Nähe
网吧	wǎngbā	Internetcafé
教学楼	jiàoxuélóu	Unterrichtsgebäude
学	xué	studieren, lernen; Schule, Wissen

Nach dem Weg fragen: Teil A Lektion 22

图书馆	túshūguǎn	Bibliothek
书	shū	Buch
中间	zhōngjiān	mittig, inmitten; dazwischen

Dialog I · 对话一

2/26

SPRECHER A: *Deutsche* 德国人 ***Déguórén***
B: *Chinese* 中国人 ***Zhōngguórén***

A: 请问，德文系在哪儿？
Qǐng wèn, Déwénxì zài nǎr?

B: 在前边。
Zài qiánbian.

A: 怎么走？
Zěnme zǒu?

B: 一直走，经过大门，往右转，在中文系旁边。
Yìzhí zǒu, jīngguò dàmén, wàng yòu zhuǎn, zài Zhōngwénxì pángbian.
您是外教吧？
Nín shì wàijiào ba?

A: 是，我在德文系教德语。请问，附近有网吧吗？
Shì, wǒ zài Déwénxì jiāo Déyǔ. Qǐng wèn, fùjìn yǒu wǎngbā ma?

B: 有，在大门右边，教学楼和图书馆的中间。
Yǒu, zài dàmén yòubian, jiàoxuélóu hé túshūguǎn de zhōngjiān.

Lektion 22 — Nach dem Weg fragen: Teil A

Übersetzung von Dialog I

A: Entschuldigen Sie, wo geht es zur Germanistik-Abteilung?

B: Dort vorne.

A: Wie muss ich gehen?

B: Immer geradeaus, am Haupttor vorbei, dann rechts, direkt neben der Sinologie-Abteilung. Sind Sie eine ausländische Lehrerin?

A: Ja, ich unterrichte Deutsch an der Germanistik-Abteilung. Entschuldigung, aber gibt es ein Internetcafé in der Nähe?

B: Ja, rechts vom Haupttor, zwischen dem Unterrichtsgebäude und der Bibliothek.

2/27

Wortschatz II • 生词二

Schriftzeichen	*Pinyin*	*Deutsch*
马路	mǎlù	Straße
对面	duìmiàn	gegenüber, auf der anderen Straßenseite
过	guò	passieren; überqueren; feiern; (Zeit) verbringen; durchgehen
远	yuǎn	weit weg, fern
左	zuǒ	links, linkerhand
左边	zuǒbian	linke Seite, links

Nach dem Weg fragen: Teil A

书店	shūdiàn	Buchhandlung
后	hòu	hinten; hinter
后边	hòubian	hintere Seite, hinten
大学	dàxué	Universität, Hochschule
办公室	bàngōngshì	Büro
外事处	wàishìchù	Ausländeramt
商学院	shāngxué-yuàn	Institut für Wirtschaftswissenschaft
法学院	fǎxuéyuàn	Institut für Jura
留学生	liúxuéshēng	Austauschstudent, Student im Ausland
宿舍	sùshè	Studentenwohnheim
医院	yīyuàn	Krankenhaus
北京	Běijīng	Peking
汽车站	qìchēzhàn	Bushaltestelle

Lektion 22   Nach dem Weg fragen: Teil A

Dialog II · 对话二

SPRECHER *A: Deutscher* 德国人 **Déguórén**
B: Chinesin 中国人 **Zhōngguórén**

A: 请问，哪儿有厕所？
   Qǐng wèn, nǎr yǒu cèsuǒ?

B: 厕所在马路对面，过了马路往右走。
   Cèsuǒ zài mǎlù duìmiàn, guò le mǎlù wàng yòu zǒu.

A: 远吗？
   Yuǎn ma?

B: 不远。
   Bù yuǎn.

A: 怎么走？
   Zěnme zǒu?

B: 往前走，经过中国银行，银行的左边是书店，书店的后边有一个厕所。
   Wàng qián zǒu, jīngguò Zhōngguó Yínháng, yínháng de zuǒbian shì shūdiàn, shūdiàn de hòubian yǒu yí ge cèsuǒ.

Nach dem Weg fragen: Teil A   Lektion 22

Übersetzung von Dialog II

A: Entschuldigung, wo gibt es hier eine Toilette?

B: Die Toilette ist auf der anderen Straßenseite. Gehen Sie über die Straße und dann rechts.

A: Ist es weit?

B: Es ist nicht weit.

A: Wie komme ich dort hin?

B: Gehen Sie geradeaus, an der Bank of China vorbei. Rechts* von der Bank ist eine Buchhandlung. Die Toilette ist hinter der Buchhandlung.

* Im Chinesischen gibt man die Richtung vom *Ort* aus gesehen an, im Deutschen vom *Sprecher* aus gesehen.

LEKTION

23 Nach dem Weg fragen: Teil B

在 *zài (in; auf; an, bei / sich befinden)*

Sie haben bereits 在 **zài** als Präposition (in; auf; an,
bei) und als Verb (sich befinden, in/an einem Ort sein)
kennengelernt. Im Satz 德文系在哪儿？ **Déwénxì zài
nǎr?** (Wo ist die Germanistik-Abteilung?) dient 在 **zài** als
Verb. In diesem Satz folgt 在 **zài** das Interrogativadverb
哪儿 **nǎr** (wo). Die Antwort wird gebildet, indem man 哪
儿 **nǎr** durch eine Ortsangabe ersetzt, in diesem Fall 前
边 **qiánbian** (vorne). Hier einige Beispiele von 在 **zài** als
Verb:

银行在前边。 Die Bank ist vorne.
Yínháng zài qiánbian.

马小姐在吗？ Ist Frau Ma da?
Mǎ xiǎojie zài ma?

在 **zài** dient als Präposition, wenn bereits ein Hauptverb
im Satz steht und wenn eine Ortsangabe auf 在 **zài** folgt:
在 **zài** + Ortsangabe + Verb. Hier einige Beispiele von 在
zài als Präposition:

我 在 食堂 吃 饭。 Ich esse in der Mensa.
Wǒ zài shítáng chīfàn.

他 在 银行 换 钱。 Er wechselt Geld in der Bank.
Tā zài yínháng huàn qián.

194

Nach dem Weg fragen: Teil B   Lektion 23

Sätze mit ausgelassenem Subjekt

Adverbien (und Umstandsbestimmungen) stehen vor
dem Verb. Als Beispiel:

怎么 zěnme (wie)	*in*	怎么走？Zěnme zǒu?	(Wie komme ich da hin?)
一直 yìzhí (gerade)	*in*	一直走 yìzhí zǒu	(geradeaus gehen)
往前 wàng qián (nach vorne)	*in*	往前走 wàng qián zǒu (vorwärts gehen)	
左 zuǒ (links)	*in*	左转 zuǒ zhuǎn (nach links wenden)	

Beachten Sie, dass die chinesische Wortstellung sich vom
deutschen Satzbau unterscheidet. Im Chinesischen steht
das Adverb immer vor dem Verb; im Deutschen kann es
auch hinter dem Verb stehen.

Nach links wenden / nach rechts wenden

右转 **yòu zhuǎn** (nach rechts wenden), 左转 **zuǒ zhuǎn**
(nach links wenden), 左走 **zuǒ zǒu** (nach links gehen)
und 右走 **yòu zǒu** (nach rechts gehen) sind umgangs-
sprachliche Ausdrücke, in denen die Präposition 向 **xiàng**
(nach) oder 往 **wàng** (zu, nach) ausgelassen wird.
Die vollständige Form von 右转 **yòu zhuǎn** (nach rechts
wenden) ist 向右转 **xiàng yòu zhuǎn** oder 往右转 **wàng
yòu zhuǎn** (nach rechts wenden); 左 **zuǒ** und 右 **yòu** sind
Richtungsangaben. 向右 **xiàng yòu** und 往右 **wàng yòu**
sind Präpositionalphrasen, die das Verb 转 **zhuǎn** (wen-
den, drehen) näher bestimmen.

Lektion 23   Nach dem Weg fragen: Teil B

在 *zài*, 是 *shì* und 有 *yǒu*

Um einen Ort zu beschreiben können drei Verben genutzt werden:
a.   在 **zài** (sich befinden, in/an einem Ort sein)
b.   是 **shì** (sein)
c.   有 **yǒu** (haben, es gibt)

a. 在 **zài** wird verwendet, um einen Ort anzugeben:

[ZIEL] 在 **zài** [ORT]

Das Ziel ist der Ort, den jemand sucht, wie etwa 德文系 **Déwénxì** (Germanistik-Abteilung). Der Ort ist eine neue Information für den Fragenden, es wird mitgeteilt, wo sich das Ziel befindet.
Wenn das Verb 在 **zài** genutzt wird, muss der Zielort zuerst genannt werden (Subjekt). Dann folgt das Verb 在 **zài**, dann die Ortsangabe:

厕所在马路对面。
Cèsuǒ zài mǎlù duìmiàn.

Die Toilette ist auf der anderen Straßenseite.

教学楼在德文系右边。
Jiàoxuélóu zài Déwénxì yòubian.

Das Unterrichtsgebäude ist rechts von der Germanistik-Abteilung.

b. Sie können auch 是 **shì** verwenden, um einen Ort anzugeben:

[ORT] 是 **shì** [ZIEL]

Wenn das Verb 是 **shì** verwendet wird, muss die Ortsangabe zuerst genannt werden (Subjekt). Dann folgt das Verb 是 **shì**, dann der Zielort:

银行的左边是书店。
Yínháng de zuǒbian shì shūdiàn.

Links von der Bank ist die Buchhandlung.

196

Nach dem Weg fragen: Teil B — Lektion 23

马路 的 对面是厕所。
Mǎlù de duìmiàn shì cèsuǒ.

Auf der anderen Straßenseite ist die Toilette.

---

c. Die dritte Möglichkeit ist 有 **yǒu** zu verwenden, um Informationen über einen Ort anzugeben.

[ORT] 有**yǒu** (一个**yí ge**) + [ZIEL]

Das Satzmuster mit 有 **yǒu** als Verb gleicht dem Satzmuster mit 是 **shì**, nur dass der Zielort meist ein unbestimmtes Nomen ist, dem das Zähleinheitswort 一个 **yíge** (ein) vorsteht.

大门旁边有一个网吧。
Dàmén pángbian yǒu yí ge wǎngbā.

Neben dem Haupttor gibt es ein Internetcafé.

马路对面有一个厕所。
Mǎlù duìmiàn yǒu yí ge cèsuǒ.

Auf der anderen Straßenseite gibt es eine Toilette.

Eine Straßenkreuzung in Beijing

Mit 在 *zài* nach der Richtung fragen

Verwenden Sie das folgende Satzmuster mit 在 **zài** als Verb, um nach dem Weg zu fragen:

请问 **Qǐng wèn** + Ortsname + 在哪儿 **zài nǎr?**

Entschuldigung, wo ist...?

Das Muster für die Antwort lautet:

Zielort	*Verb*	*Ortsangabe*
德文系	在	前边。
Déwénxì	zài	qiánbian.

Die Germanistik-Abteilung ist vorne.

Üben Sie mit den angegebenen Zielorten und Ortsangaben nach dem Weg zu fragen und Antworten zu geben:

外事处	大门旁边。
Wàishìchù	dàmén pángbian.
网吧	马路对面。
Wǎngbā	mǎlù duìmiàn.
教学楼	那边。
Jiàoxuélóu	nàbian.
大门	左边。
Dàmén	zuǒbian.
中文系	商学院后边。
Zhōngwénxì	shāngxuéyuàn hòubian.
法学院	英文系旁边。
Fǎxuéyuàn	Yīngwénxì pángbian.

Nach dem Weg fragen: Teil B   Lektion 23

Nach dem Weg fragen

Ein häufig verwendetes Muster um nach dem Weg zu fragen ist:

请问 **Qǐng wèn** + Zielort + 怎么走 **zěnme zǒu?**
Entschuldigung, wie komme ich nach ...?

Das Muster für die Antwort auf diese Frage lautet:

往*wàng*	*Richtung*	*Verb*
往	右	走。
Wàng	qián	zǒu.

Gehen Sie nach rechts.

Fragen Sie nach dem Weg zu den unten angegebenen Zielorten. Achten Sie darauf, dass das Verb am Satzende steht, direkt hinter dem Adverb (oder der Umstandsbestimmung).

Frage	*Antwort*
请问, 网吧 怎么 走?	往 前走。
Qǐng wèn, wǎngbā zěnme zǒu?	Wàng qián zǒu.
Wie komme ich zum Internetcafé?	Gehen Sie geradeaus.

北京宾馆
Beijing Bīnguǎn

银行
Yínháng

汽车站
Qìchēzhàn

医院
Yīyuàn

书店
Shūdiàn

199

| Lektion 23 | Nach dem Weg fragen: Teil B |

Den Weg beschreiben

Üben Sie, den Weg zu beschreiben. Verwenden Sie 转 **zhuǎn** (wenden) und eine Richtungsangabe, die vor 转 **zhuǎn** stehen muss.

Richtung	*wenden*
左	转。
Zuǒ	zhuǎn.

Nach links wenden.

右	转。
Yòu	zhuǎn.

Nach rechts wenden.

后	转。
Hòu	zhuǎn.

Umdrehen.

Üben Sie, den Ausdruck 往 **wàng** (nach, in Richtung auf) hinzuzufügen.

Nach	*Richtung*	*wenden*
往	左	转。
Wàng	zuǒ	zhuǎn.
Nach links wenden.		

	右	
	yòu	
	后	
	hòu	
	北	
	běi	

▶

200

Nach dem Weg fragen: Teil B   Lektion 23

Nach	*Richtung*	*wenden*
	南 nán	
	东 dōng	
	西 xī	

Richtungsangaben mit 在 *zài*

Üben Sie 在 **zài** als Verb zu verwenden, um die Richtung
anzugeben.
Der Zielort (der Ort, nach dem gesucht wird) steht als
Subjekt am Satzanfang. Danach folgt das Verb 在 **zài**, am
Ende die Richtungsangabe.

Zielort	*zài*	*Ortsangabe*
图书馆	在	前边。
Túshūguǎn	zài	qiánbian.

Die Bibliothek ist vorne.

Üben Sie Sätze nach diesem Muster zu bilden. Verwen-
den Sie dafür die angegebenen Ziele und Ortsangaben.

宾馆	马路对面。
Bīnguǎn	mǎlù duìmiàn.
中国银行	左边。
Zhōngguó Yínháng	zuǒbian.

►

201

Zielort	Ortsangabe
厕所 Cèsuǒ	大门 右边。 dàmén yòubian.
医院 Yīyuàn	那边。 nàbian.
网吧 Wǎngbā	商店旁边。 shāngdiàn pángbian.
电话 Diànhuà	教学楼旁边。 jiàoxuélóu pángbian.
食堂 Shítáng	后边。 hòubian.
汽车站 Qìchēzhàn	左边。 zuǒbian.
医院 Yīyuàn	宾馆右边。 bīnguǎn yòubian.

Richtungsangaben mit 是 shì

Wenn Sie das Verb 是 **shì** verwenden, um eine Ortsangabe zu machen, nennen Sie zuerst die Ortsangabe als Subjekt, dann das Verb 是 **shì**, gefolgt vom Zielort.

Ortsangabe	*shì*	Zielort
银行的左边 Yínháng de zuǒbian	是 shì	书店。 shūdiàn.

Links von der Bank ist die Buchhandlung.

Üben Sie Sätze nach diesem Muster zu bilden. Verwenden Sie dafür die angegebenen Ziele und Ortsangaben. ▶

Nach dem Weg fragen: Teil B — Lektion 23

Ortsangabe	*Zielort*
书店的旁边 Shūdiàn de pángbian	商店。 shāngdiàn.
那边 Nàbian	宾馆。 bīnguǎn.
教学楼的前边 Jiàoxuélóu de qiánbian	食堂。 shítáng.
商店的后边 Shāngdiàn de hòubian	邮局。 yóujú.
饭馆的右边 Fànguǎn de yòubian	银行。 yínháng.
大门的左边 Dàmén de zuǒbian	网吧。 wǎngbā.
马路的对面 Mǎlù de duìmiàn	厕所。 cèsuǒ.

Richtungsangaben mit 有 *yǒu*

Üben Sie das Verb 有 **yǒu** zu verwenden, um eine Ortsangabe zu machen.
Das Satzmuster mit 有 **yǒu** gleicht dem mit 是 **shì**, nur dass der Zielort meist ein unbestimmtes Nomen ist, dem das Zähleinheitswort 一个 **yí ge** vorsteht.

Ortsangabe	*yǒu yí ge*	*Zielort*
教学楼 的旁边 Jiàoxuélóu de pángbian	有 一个 yǒu yí ge	书店。 shūdiàn.

Neben dem Unterrichtsgebäude gibt es eine Buchhandlung.

Lektion 23   Nach dem Weg fragen: Teil B

Üben Sie Sätze nach diesem Muster zu bilden. Verwenden Sie dafür die angegebenen Ziele und Ortsangaben.

Ortsangabe	*Zielort*
前边	厕所。
Qiánbian	cèsuǒ.
宾馆的旁边	饭馆。
Bīnguǎn de pángbian	fànguǎn.
大门的右边	网吧。
Dàmén de yòubian	wǎngbā.
银行的后边	邮局。
Yínháng de hòubian	yóujú.
饭馆的对面	电话。
Fànguǎn de duìmiàn	diànhuà.
法学院的旁边	商学院。
Fǎxuéyuàn de pángbian	shāngxuéyuàn.
那边	医院。
Nàbian	yīyuàn.
马路对面	中国银行。
Mǎlù duìmiàn	Zhōngguó Yínháng.

Anmerkung zur Aussprache: Der Auslaut „i"

Der Buchstabe „i" in Pinyin steht für drei verschiedene Vokallaute, je nachdem, welchem Anlaut er folgt.

1. Auf die meisten Anlaute folgend wird „i" wie im Deutschen ausgesprochen.

2/29

Pinyin	*Schriftzeichen*	*Deutsch*
1) yī	一	eins

Nach dem Weg fragen: Teil B   Lektion 23

2) qī	七	sieben
3) dìdi	弟弟	jüngerer Bruder
4) chūnjié	春节	Frühlingsfest
5) jīng	京	Hauptstadt
6) jī	机	Maschine

2. Wenn „i" auf die Anlaute „z", „c" oder „s" folgt, wird er nur als Erweiterung von „z", „c" oder „s" gesprochen. Die Zungenspitze bleibt an der unteren Zahnreihe, die Stimmbänder vibrieren.

2/30

Pinyin	*Schriftzeichen*	*Deutsch*
1) zì	字	Zeichen, Wort
2) cí	词	Wort, Begriff
3) sī	丝	Seide

3. Wenn „i" auf die Anlaute „zh", „ch", „sh" oder „r" folgt, wird der Vokal auch nur als Erweiterung von „zh", „ch", „sh" oder „r" gesprochen, wieder mit vibrierenden Stimmbändern. Bei „zhi", „chi" und „shi" wird die Zungenspitze leicht vom Gaumen gelöst, bei „ri" bewegt die Zunge sich nicht.

2/31

Pinyin	*Schriftzeichen*	*Deutsch*
1) zhīdao	知道	wissen
2) chīfàn	吃饭	essen
3) lǎoshī	老师	Lehrer
4) jiérì	节日	Feiertag

Lektion 23   Nach dem Weg fragen: Teil B

Übungen zur Aussprache

2/32

Übung 1

Lesen Sie die folgenden Wörter laut vor. Achten Sie auf die korrekte Aussprache des Vokals „i".

Pinyin	Schriftzeichen	Deutsch
1) Yīngwénxì	英文系	Anglistik-Abteilung
2) zìzhìqū	自治区	autonome Region
3) zìxí	自习	Selbststudium
4) mínǐ	迷你	Mini (Minirock)
5) chídào	迟到	verspäten, zu spät sein
6) háizi	孩子	Kind
7) sīchóu	丝绸	Seide
8) sìshēng	四声	vier Töne
9) Rìběn	日本	Japan
10) cíqì	瓷器	Porzellan
11) zhīshi	知识	Wissen
12) chǐzi	尺子	Lineal
13) shīzi	狮子	Löwe

2/33

Übung 2

Jede Silbe unten hat einen Anlaut und einen Auslaut, die zusammen ein Wort ergeben. Lesen Sie die An- und Auslaute, dann das ganze Wort. Überprüfen Sie Ihre Aussprache durch die CD.

Gruppe A:	Gruppe B:	Gruppe C:	Gruppe D:
b ēn	zh èi	j uān	z òng
p éng	ch āo	q ū	c èng
m ián	sh éi	x uē	s uì
f ǎng	r ǎng		

206

Üben Sie Ihre Aussprache indem Sie die folgenden Begriffe laut vorlesen.

Pinyin   *Schriftzeichen* *Deutsch*

1) diànnǎo — 电脑 — Computer
2) diàndēngpào — 电灯泡 — Glühbirne
3) chāzuò — 插座 — Steckdose
4) diàndēng — 电灯 — elektrische Lampe
5) diànchí — 电池 — Batterie
6) shōuyīnjī — 收音机 — Radio
7) shǒujī — 手机 — Handy, Mobiltelefon
8) CD-pán — CD-盘 — CD
9) CD-jī — CD-机 — CD-Player
10) DVD-jī — DVD-机 — DVD-Player
11) lùyīndài — 录音带 — Kassette
12) lùyīnjī — 录音机 — Kassettenrecorder, Aufnahmegerät
13) lùxiàngjī — 录象机 — Videorecorder

LEKTION

24 Nach dem Weg fragen: Teil C

2/35

Übung 1

Hören Sie die Wörter und Ausdrücke auf der CD und schreiben Sie diese in Pinyin auf.

1) _____
2) _____
3) _____
4) _____
5) _____
6) _____
7) _____
8) _____
9) _____
10) _____

2/36

Übung 2

Lesen und hören Sie den Dialog und beantworten Sie die Fragen.

Lernen Sie zuvor diese neuen Wörter:

从	cóng	von, aus
就	jiù	gerade
电影院	diànyǐngyuàn	Kino
对	duì	richtig

208

Nach dem Weg fragen: Teil C   Lektion 24

A: Deutscher 德国人 ***Déguórén***

B: Chinesin 中国人 ***Zhōngguórén***

A: 请问，图书馆在哪儿？
    Qǐng wèn, túshūguǎn zài nǎr?

B: 哪个图书馆？是大图书馆吗？
    Nǎ ge túshūguǎn? Shì dà túshūguǎn ma?

A: 是。我要去大图书馆。
    Shì. Wǒ yào qù dà túshūguǎn.

B: 你从这儿一直走，左边有一个电影院，过了
    电影院，就是大图书馆。大图书馆也在左
    边。
    Nǐ cóng zhèr yìzhí zǒu, zuǒbian yǒu yí ge
    diànyǐngyuàn, guò le diànyǐngyuàn, jiù shì dà
    túshūguǎn. Dà túshūguǎn yě zài zuǒbian.

A: 我从这儿一直走，过了电影院，左边就是大
    图书馆，对吗？
    Wǒ cóng zhèr yìzhí zǒu, guò le diànyǐngyuàn,
    zuǒbian jiù shì dà túshūguǎn, duì ma?

B: 对。
    Duì.

A: 好。谢谢！
    Hǎo. Xièxie!

B: 不谢！
    Bú xie!

Fragen:

1. Wonach sucht der Deutsche? _____

   _____

2. In welche Richtung soll er gehen? _____

   _____

3. Auf welcher Seite der Bibliothek ist das Kino? _____

   _____

209

Übung 3

Verwenden Sie das Wort in der Klammer, um die folgenden Ortsangaben umzuformulieren.

Beispiel:

大门对面有网吧。　　　　(在) → 网吧在大门对面。
Dàmén duìmiàn yǒu　　zài　　　Wǎngbā zài Dàmén
wǎngbā.　　　　　　　　　　　　duìmiàn.

1) 商店旁边是书店。　　(有)
　Shāngdiàn pángbian　yǒu
　shì shūdiàn.

2) 德文系在教学楼　　(是)
　旁边。　　　　　　shì
　Déwénxì zài jiàoxué-
　lóu pángbian.

3) 银行旁边是邮局。　(在)
　Yínháng pángbian shì　zài
　yóujú.

4) 食堂在七号楼旁边。(是)
　Shítáng zài qīhàolóu　shì
　pángbian.

5) 马路对面是中国　　(有)
　银行。　　　　　　yǒu
　Mǎlù duìmiàn shì
　Zhōngguó Yínháng.

6) 书店后面有一个　　(在)
　厕所。　　　　　　zài
　Shūdiàn hòumiàn yǒu
　yí ge cèsuǒ.

Nach dem Weg fragen: Teil C   Lektion 24

Um eine Reise nach China vorzubereiten, übersetzen
Sie die folgenden Sätze ins Chinesische. Schreiben Sie in
Pinyin oder Schriftzeichen.

Übung 4

1) Wo ist die Toilette? _____

2) Wo ist die Germanistik-Abteilung? Sie ist hinter dem
   Unterrichtsgebäude. _____

   _____

3) Wie komme ich zur Bank of China? Gehen Sie gerade-
    aus, dann nach links._____

    _____

4) Gibt es hier ein Internetcafé? Das Internetcafé ist links
    vom Tor. _____

    _____

    _____

5) Ist das weit? Wie komme ich dahin?_____

    _____

6) Entschuldigung, wo ist die Buchhandlung? Gehen Sie
   geradeaus, an der Bank of China vorbei, dann links. ____

   _____

7) Ist das Krankenhaus vom Haupttor aus auf der anderen
   Straßenseite? _____

   _____

8) Die Post ist nicht weit. _____

   _____

211

Stadtbezirke

Chinesische Städte sind in Bezirke unterteilt. Wenn Sie einen Ort in einer Stadt suchen, müssen Sie zuerst wissen, in welchem Stadtbezirk er liegt.

北京 **Běijīng** hat vierzehn Stadtbezirke, die Bezirke 西城 **Xīchéng**, 东城 **Dōngchéng** und 宣武 **Xuānwǔ** bilden die Innenstadt. Die meisten ausländischen Bürogebäude und Botschaften liegen im Stadtbezirk 朝阳 **Cháoyáng**. Die meisten Universitäten, wie auch die Beijing Universität, liegen im Bezirk 海淀 **Hǎidiàn**. 深圳 **Shēnzhèn** ist in sechs Bezirke unterteilt: 罗湖 **Luóhú**, 福田 **Fútián**, 盐田 **Yántián**, 南山 **Nánshān**, 龙岗 **Lónggǎng** und 保安 **Bǎo'ān**. Der Bezirk **Luóhú** bildet die Innenstadt.

Straßennamen und Richtungen

Viele chinesische Straßennamen beinhalten die Worte *Nord, Süd, Ost* oder *West*. Als Beispiel bedeutet der Straßenname 天安门西大街 **Tiān'ānmén Xīdàjiē** wörtlich *die Straße westlich des Tiananmen Platzes*. Durch die Richtungsangaben in den Straßennamen können Sie sich viel leichter zurechtfinden.

Die Zeit angeben: Teil A

25

2/37

Wichtige Redewendungen

现在几点？ Xiànzài jǐ diǎn?	Wie spät ist es jetzt?
下午你有课吗？ Xiàwǔ nǐ yǒu kè ma?	Hast Du nachmittags Unterricht?
一起去…，好吗？ Yìqǐ qù…, hǎo ma?	Sollen wir zusammen nach … gehen?
…你常常做什么？ …nǐ chángcháng zuò shénme?	Was machst Du oft…?

2/38

Wortschatz I · 生词一

Schriftzeichen	Pinyin	Deutsch
几	jǐ	wie viel(e); einige, wenige
点	diǎn	Uhr; Punkt; bestellen, auswählen
几点	jǐ diǎn	wie viel Uhr
差	chà	fehlen; abweichen
上	shàng	letzte(r,s), obere; hochgehen; einsteigen

213

上午	shàngwǔ	Vormittag; vormittags
午	wǔ	Mittag; mittags
半	bàn	die Hälfte; halb; teilweise
课	kè	Klasse; Unterricht
上课	shàngkè	Unterricht haben
汉语	Hànyǔ	Chinesisch
下午	xiàwǔ	Nachmittag; nachmittags
下课	xiàkè	Unterrichtsende; Unterricht beenden
刻	kè	Viertelstunde
一刻	yí kè	Viertelstunde
三刻	sān kè	Dreiviertelstunde
以后	yǐhòu	nachdem; nach; später, hinterher
一起	yìqǐ	zusammen
好吗?	Hǎo ma?	Ist das in Ordnung? Einverstanden?

▶

好吧!	Hǎo ba!	Okay! Einverstanden!
见	jiàn	treffen; sehen; besuchen

Dialog I · 对话一

SPRECHER A: *Deutsche* 德国人 ***Déguórén***
B: *Chinese* 中国人 ***Zhōngguórén***

A: 现在几点?
Xiànzài jǐ diǎn?

B: 现在差十分八点。
Xiànzài chà shí fēn bā diǎn.

A: 我上午八点半要上汉语课。
Wǒ shàngwǔ bā diǎn bàn yào shàng Hànyǔkè.

下午你有课吗?
Xiàwǔ nǐ yǒu kè ma?

B: 我下午有英语课。
Wǒ xiàwǔ yǒu Yīngyǔkè.

A: 你几点下课?
Nǐ jǐ diǎn xiàkè?

B: 四点一刻。
Sì diǎn yí kè.

A: 下课以后我们一起去网吧,好吗?
Xiàkè yǐhòu wǒmen yìqǐ qù wǎngbā, hǎo ma?

B:	好吧，几点见？ Hǎo ba, jǐ diǎn jiàn?
A:	五点五分我去找你。 Wǔ diǎn wǔ fēn wǒ qù zhǎo nǐ.

Übersetzung von Dialog I

A: Wie spät ist es jetzt?

B: Es ist jetzt zehn vor acht.

A: Ich habe heute Vormittag um halb neun Chinesischunterricht.

Hast Du nachmittags noch Unterricht?

B: Nachmittags habe ich Englischunterricht.

A: Um wie viel Uhr ist dein Unterricht zu Ende?

B: Um Viertel nach vier.

A: Sollen wir nach dem Unterricht zusammen ins Internetcafé gehen?

B: OK. Wann treffen wir uns?

A: Ich komme um fünf nach fünf zu dir.

Die Zeit angeben: Teil A   Lektion 25

Zusammensetzungen von Zeitworten
上午 **shàngwǔ** (Vormittag), 中午 **zhōngwǔ** (Mittag), und
下午 **xiàwǔ** (Nachmittag) sind Zusammensetzungen von
午 **wǔ** (Mittag) mit 上 **shàng** (oben), 中 **zhōng** (mitten)
und 下 **xià** (unten). Die wörtliche Bedeutung von 上午
shàngwǔ ist *bis hoch zum Mittag*, 中午 **zhōngwǔ** *mitten
am Mittag* und 下午 **xiàwǔ** *ab Mittag hinab*. Wenn Sie
sich daran erinnern, dass 上 **shàng** *hoch* bedeutet, 中
zhōng *mitten* und 下 **xià** *runter*, dann können Sie auch
leicht 上午 **shàngwǔ**, 中午 **zhōngwǔ** und 下午 **xiàwǔ**
behalten.

Sie haben bereits das Verb 要 **yào** in der Bedeutung von
wollen kennengelernt:

我要一 张IP卡   Ich will eine IP-Karte kaufen.
Wǒ yào yì zhāng IP kǎ.

要 **yào** kann aber auch ein Hilfsverb sein, das dem
Hauptverb folgt und *werden* bedeutet. Dadurch wird
ausgedrückt, dass ein Ereignis oder eine Handlung in der
Zukunft stattfinden wird:

我八点半要上汉语课。   Ich werde um halb neun zum
Wǒ bā diǎn bàn yào   Chinesischunterricht gehen.
shàng Hànyǔkè.

217

上课 **shàngkè** bedeutet *zum Unterricht gehen / Unterricht haben* wie im Beispiel:

我八点半要上课。 Um halb neun werde ich Unter-
Wǒ bā diǎn bàn richt haben.
yào shàngkè.

aber: 上课 **shàngkè** kann auch *den Unterricht anfangen* bedeuten, wie im Beispiel:

现在上课。 Der Unterricht fängt jetzt an.
Xiànzài shàngkè.

In beiden Fällen bedeutet 课 **kè** *Unterricht*, aber im Wort 汉语课 **Hànyǔkè** (Chinesischunterricht), bedeutet 课 **kè** eher *Kurs*. 课 **kè** kann auch *Lektion* bedeuten, wie im Titel des Kapitels: 第九课 **dì jiǔ kè** (Lektion Neun).

去 **qù** (gehen) kann direkt von einer Ortsangabe gefolgt werden:
去食堂 in die Cafeteria gehen
qù shítáng

去网吧 ins Internetcafé gehen
qù wǎngbā

Achten Sie darauf, dass das Nomen, welches auf 去 **qù** folgt, ein Ort sein muss. Wenn Sie einen Personennamen oder ein Pronomen nach 去 **qù** stellen wollen, müssen Sie 这儿 **zhèr** oder 那儿 **nàr** hinzufügen. Als Beispiel:

去你那儿 zu dir gehen
qù nǐ nàr

Wenn ein anderes Verb auf 去 **qù** folgt, wie in 去吃饭 **qù chīfàn**, entspricht das *(zum) essen gehen*.

Die Zeit angeben: Teil A Lektion 25

Wie Sie bereits gelernt haben, ist 去 **qù** ein einfaches Richtungskomplement, welches eine Bewegung vom Sprecher weg kennzeichnet, wenn 去 **qù** einem anderen Verb folgt. Als Beispiel:

我现在上课去。 Wǒ xiànzài shàngkè qù.	Ich gehe jetzt zum Unterricht. [„Ich" bin noch nicht beim Unterricht.] oder [Ich, der Sprecher, bewege mich weg vom Zuhörer.]

Wortschatz II • 生词二

Schriftzeichen	*Pinyin*	*Deutsch*
早上	zǎoshang	Morgen; morgens
起床	qǐchuáng	aufstehen
洗澡	xǐzǎo	duschen, baden
早饭	zǎofàn	Frühstück
上班	shàngbān	zur Arbeit gehen, ins Büro gehen
中午	zhōngwǔ	Mittag; mittags
午饭	wǔfàn	Mittagessen
下班	xiàbān	von der Arbeit kommen, Feierabend haben
晚上	wǎnshang	Abend; abends
常常	chángcháng	oft

Lektion 25 Die Zeit angeben: Teil A

做	zuò	machen
跟	gēn	mit
朋友	péngyou	Freund(in)
睡觉	shuìjiào	zu Bett gehen, schlafen
有时候	yǒu shíhòu	manchmal, gelegentlich
以前	yǐqián	vorher; früher
晚饭	wǎnfàn	Abendessen
休息	xiūxi	sich ausruhen
睡午觉	shuì wǔjiào	Mittagsschlaf halten

2/41

Dialog II · 对话二

SPRECHER *A: Chinese* 中国人 **Zhōngguórén**
 B: Deutsche 德国人 **Déguórén**

A: 你早上几点起床？
Nǐ zǎoshang jǐ diǎn qǐchuáng?

B: 七点。起床以后我先洗澡，再去吃早饭。我九点上班。
Qī diǎn. Qǐchuáng yǐhòu wǒ xiān xǐzǎo, zài qù chī zǎofàn. Wǒ jiǔ diǎn shàngbān.

A: 你中午几点去食堂？
Nǐ zhōngwǔ jǐ diǎn qù shítáng?

B: 十二点我去吃午饭。
Shí'èr diǎn wǒ qù chī wǔfàn.

Die Zeit angeben: Teil A   Lektion 25

A: 你几点下班？
   Nǐ jǐdiǎn xiàbān?

B: 我五点下班。
   Wǒ wǔ diǎn xiàbān.

A: 晚上你常常做什么？
   Wǎnshang nǐ chángcháng zuò shénme?

B: 我常常跟朋友一起去饭馆儿吃饭。
   Wǒ chángcháng gēn péngyou yìqǐ qù fànguǎnr
   chīfàn.

A: 你几点睡觉？
   Nǐ jǐ diǎn shuìjiào?

B: 我有时候十一点睡觉，有时候十二点睡觉。
   Wǒ yǒushíhou shíyī diǎn shuìjiào, yǒushíhou
   shí'èr diǎn shuìjiào.

Übersetzung von Dialog II

A: Um wie viel Uhr stehst Du morgens auf?

B: Um 7 Uhr. Nach dem Aufstehen dusche ich, dann
   gehe ich frühstücken. Ab 9 Uhr arbeite ich.

A: Wann gehst Du mittags in die Cafeteria?

B: Ich gehe um 12 Uhr Mittagessen.

A: Um wie viel Uhr ist deine Arbeit zu Ende?

B: Meine Arbeit endet um 5 Uhr.

A: Was machst Du normalerweise abends?

B: Ich gehe oft mit Freunden zum Abendessen in ein
   Restaurant.

A: Um wie viel Uhr gehst Du schlafen?

B: Ich gehe manchmal um 11 Uhr schlafen, man-
   chmal um 12 Uhr.

LEKTION

26 Die Zeit angeben: Teil B

Zeitangaben im Satz

Im Chinesischen gibt es zwei verschiedene Arten von
Zeitangaben: Bestimmungen eines Zeitpunkts und Be-
stimmungen einer Dauer. In dieser Lektion werden nur
Worte für einen bestimmten Zeitpunkt behandelt, wie
jetzt, *morgens* oder *8:30 Uhr*. Beispiele für Wörter, die eine
Zeitdauer angeben sind *ein Tag* oder *zehn Minuten*.

Position der Zeitangabe im Satz

Die Zeitangabe kann am Satzanfang stehen oder zwischen
Subjekt und Verb. Bestimmte Zeitangaben stehen immer
vor dem Verb.

a. Zeitangaben am Satzanfang:

现在几点？ Xiànzài jǐ diǎn?	Wie spät ist es jetzt?
晚上你常常做什么？ Wǎnshang nǐ cháng- cháng zuò shénme?	Was machst Du normalerweise abends?
五点五分 我去找你。 Wǔ diǎn wǔ fēn wǒ qù zhǎo nǐ.	Ich komme um fünf nach fünf zu dir.

b. Zeitangaben zwischen Subjekt und Verb:

你早上几点起床？ Nǐ zǎoshang jǐ diǎn qǐchuáng?	Um wie viel Uhr stehst Du morgens auf?
我十一点睡觉。	Ich gehe um elf Uhr schlafen. ▶

222

Die Zeit angeben: Teil B   Lektion 26

Wǒ shíyī diǎn shuìjiào.

我下午有英语课。   Ich habe nachmittags Englisch-
Wǒ xiàwǔ yǒu Yīngyǔ kè.   unterricht.

c. Beachten Sie, dass in Fragesätzen die Zeitangabe immer
direkt vorm Verb steht:

你早上几点起床？   Um wie viel Uhr stehst Du
Nǐ zǎoshang jǐ diǎn   morgens auf?
qǐchuáng?

晚上你什么时候睡觉？   Wann gehst Du abends
Wǎnshang nǐ shénme   schlafen?
shíhòu shuìjiào?

Abfolge von Zeitangaben in einem Satz

Wenn eine Abfolge von zwei oder mehr Zeitangaben in
einem Satz steht, erscheinen diese in einer Reihenfolge
von der größten zur kleinsten Zeiteinheit hin. Als Bei-
spiel, 11:30 Uhr vormittags heißt:
早上十一点半 **zǎoshang shíyī diǎn bàn** (wörtlich: mor-
gens, 11 Uhr und eine halbe Stunde).

Spezifische Zeitangabe + Ort + Handlung

Wenn Sie sagen wollen, dass jemand „etwas zu einer
bestimmten Zeit an einem bestimmten Ort" macht, dann
kommt die Zeitangabe vor dem Ort. Als Beispiel: 我四
点半在饭馆等你 **Wǒ sì diǎn bàn zài fànguǎnr děng nǐ**
(wörtlich: Ich, um 16:30 Uhr, im Restaurant, warte auf
dich).

Bei Zeitangaben im Chinesischen wird keine Präposition
wie 在 **zài** benötigt. *Ich gehe um 11 Uhr ins Bett* heißt auf
Chinesisch 我十一点睡觉 **Wǒ shíyī diǎn shuìjiào** (wört-
lich: Ich, 11 Uhr, gehe ins Bett).

223

Lektion 26   Die Zeit angeben: Teil B

是 shì in Zeitbestimmungen

Das Verb 是 shì (sein) wird in Zeitbestimmungen nicht
zwingend benötigt und daher meist ausgelassen. Wenn es
verwendet wird, erscheint es zwischen Thema und Zahl:

现在八点半。   Es ist jetzt 8:30 Uhr.
Xiànzài bā diǎn bàn.

现在是八点半。   Es ist jetzt 8:30 Uhr.
Xiànzài shì bā diǎn bàn.

In einem verneinenden Satz muss die negative Form von
是 shì verwendet werden, also 不是 bú shì (nicht sein):

现在不是八点半。   Es ist jetzt nicht 8:30 Uhr.
Xiànzài búshì bā diǎn bàn.

Verb-Objekt Wörter als intransitive Verben

起床 qǐchuáng (aufstehen)

洗澡 xǐzǎo (duschen, baden)

吃饭 chīfàn (essen)

睡觉 shuìjiào (zu Bett gehen, schlafen)

Jedes der oben stehenden Wörter wird gebildet durch ein
Verb kombiniert mit einem Objekt. Diese Verb-Objekt-
Struktur, die als Verb fungiert, ist im Chinesischen sehr
häufig.

224

Die Zeit angeben: Teil B   Lektion 26

vor / nach

Die Stellung von 以前 **yǐqián** (vor) und 以后 **yǐhòu** (nach) im chinesischen Satz ist umgekehrt zu der im deutschen Satzbau. Wir setzen *vor* und *nach* vor die Zeit oder das Ereignis, im Chinesischen folgen diese Angaben nach der Zeit- oder Ereignisbestimmung. Die deutsche Zeitangabe *vor 11 Uhr* oder *nach dem Unterricht* wird zu 11:00 以前 **yǐqián**, (*11:00, vor*) oder 下课以后 **xiàkè yǐhòu** (*Unterricht, nach dem*). 以前 **yǐqián** (vor) oder 以后 **yǐhòu** (nach) steht im chinesischen Satz immer zwischen einer Zeit oder Handlung und einer anderen.

我十一点以前睡觉。
Wǒ shíyī diǎn yǐqián shuìjiào.

Ich gehe vor elf Uhr zu Bett.

起床以后我先洗澡。
Qǐchuáng yǐhòu wǒ xiān xǐzǎo.

Nach dem Aufstehen dusche ich zuerst.

oft / manchmal

Die Adverbien 常常 **chángcháng** (oft) und 有时候 **yǒushíhòu** (manchmal) werden wie Zeitangaben behandelt, ihre Satzstellung entspricht also der von Zeitangaben.

225

Lektion 26 | Die Zeit angeben: Teil B

Nach der Zeit fragen

Um auf Chinesisch nach der Zeit zu fragen, sagen Sie:

现在 几点？ Wie viel Uhr ist es jetzt?
Xiànzài jǐdiǎn?

Die Satzstruktur für die Antwort auf diese Frage ist: 现在 xiànzài, gefolgt von der Zeitangabe:

现在 七点五十分。 Es ist jetzt 7:50 Uhr.

Xiànzài qī diǎn wǔshí fēn.

Üben Sie mit den folgenden Zeitangaben gemäß diesem Muster nach der Zeit zu fragen und darauf zu antworten.

2:00
4:15
7:30
5:05
6:45
9:10
8:55

Position von Zeitangaben im Satzbau

a. Zeitangaben am Satzanfang

Wenn die Zeitangabe am Satzanfang steht, ist die Satzstruktur zur Fragebildung folgende:

Zeitangabe   *Subj. + Verb*   *Fragewort*

下午 你 做 什么？
Xiàwǔ nǐ zuò shénme?
Was machst du am Nachmittag?

►

226

Die Zeit angeben: Teil B   Lektion 26

Die Struktur für die Antwort auf diese Frage ist:

Zeitangabe   *Subjekt*   *Verb + Objekt*

下午   我   上班。
Xiàwǔ   wǒ   shàngbān.
Am Nachmittag arbeite ich.

Üben Sie mit den folgenden Zeitangaben, Verben und
Objekten Fragen nach diesem Muster zu stellen und zu
beantworten.

上午   上汉语课。
Shàngwǔ   shàng Hànyǔkè.

晚上   给德国打电话。
Wǎnshang   gěi Déguó dǎ diànhuà.

下班以后   去换钱。
Xiàbān yǐhòu   qù huànqián.

b. Zeitangaben zwischen Subjekt und Verb

Wenn die Zeitangabe zwischen Subjekt und Verb steht,
ist die Satzstruktur zur Fragebildung folgende:

Subj.   *Zeitangabe*   *Verb + Fragewort*

你   中午   做什么？
Nǐ   zhōngwǔ   zuò shénme?
Was machst du am Mittag?

Die Struktur für die Antwort auf diese Frage ist:

Subj.   *Zeitangabe*   *Verb und Objekt*

我   中午   休息。
Wǒ   zhōngwǔ   xiūxi.
Ich ruhe mich am Mittag aus.

▶

227

Üben Sie mit den folgenden Zeitangaben, Verben und Objekten Fragen nach diesem Muster zu stellen und zu beantworten.

Zeitangabe	Verb + Objekt
下课以后	去网吧。
Xiàkè yǐhòu	qù wǎngbā.
下午	上课。
Xiàwǔ	shàngkè.
晚上	睡觉。
Wǎnshang	shuìjiào.

c. Mit 几点 **jǐdiǎn** nach der Zeit fragen

Mit 几点 **jǐdiǎn** (wie viel Uhr) ist die Satzstruktur zur Fragebildung folgende:

Subjekt	jǐdiǎn	Verb + Objekt
你	几点	起床？
Nǐ	jǐ diǎn	qǐchuáng?

Um wie viel Uhr stehst du auf?

Die Satzstruktur der Antwort gleicht der der Frage. 几点 **jǐdiǎn** wird durch die Zeitangabe ersetzt.

Subjekt	Zeitangabe	Verb + Objekt
我	六点	起床。
Wǒ	liù diǎn	qǐchuáng.

Ich stehe um 6 Uhr auf.

▶

Die Zeit angeben: Teil B   Lektion 26

Üben Sie mit den folgenden Zeitangaben, Verben und
Objekten Fragen nach diesem Muster zu stellen und zu
beantworten.

Verb + Objekt	Zeit
睡觉 shuìjiào	10:30 Uhr
吃早饭 chī zǎofàn	7:00 Uhr
吃午饭 chī wǔfàn	12:00 Uhr
上班 shàngbān	9:00 Uhr
下课 xiàkè	3:45 Uhr nachmittags

Spezifische Zeitangabe + Ort + Handlung

Wenn Sie sagen möchten, dass jemand etwas zu einer
bestimmten Zeit an einem bestimmten Ort macht, steht
die Zeitangabe vor Ort und Handlung. Als Beispiel:

Subj.	Zeitangabe	Ort	Handlung
我	四点半	在饭馆	等你。
Wǒ	sì diǎn bàn	zài fànguǎnr	děng nǐ.

Ich warte um 16:30 Uhr im Restaurant auf dich.

Üben Sie diese Satzstruktur mit den folgenden Zeitanga-
ben, Orten und Handlungen:

下午四点	在网吧	上网。
xiàwǔ sì diǎn	zài wǎngbā	shàngwǎng. ▶

229

中午十二点	在食堂	吃饭。
zhōngwǔ shíʼèr diǎn	zài shítáng	chīfàn.
晚上	在宾馆	上班。
wǎnshang	zài bīnguǎn	shàngbān.
上午	在银行	换钱。
shàngwǔ	zài yínháng	huànqián.

vor / nach

Üben Sie 以前 **yǐqián** (vor) und 以后 **yǐhòu** (nach) zu verwenden.

Zeitangabe	*yǐqián/yǐhòu*	*Subj.*	*Handlung*
八点	以前 / 以后	我	洗澡。
Bā diǎn	yǐqián / yǐhòu	wǒ	xǐzǎo.
Ich dusche vor/nach 8 Uhr.			
七点半			起床。
Qī diǎn bàn			qǐchuáng.
下课			休息。
Xiàkè			xiūxi.
中午			睡午觉。
Zhōngwǔ			shuì wǔjiào.
下班			去商店。
Xiàbān			qù shāngdiàn.
找马丽莎			一起去餐厅。
Zhǎo Mǎ Lìshā			yìqǐ qù cāntīng.
三点			去网吧。
Sān diǎn			qù wǎngbā.
换钱			买电话卡。
Huànqián			mǎi diànhuàkǎ.

Die Zeit angeben: Teil B   Lektion 26

oft / manchmal

常常 **chángcháng** (oft) und 有时候 **yǒushíhou** (manch-
mal) werden auch als Zeitangaben genutzt. In Fragen
mit diesen Wörtern kommt zuerst das Subjekt, gefolgt
von der Zeitangabe, dann Verb + Objekt und schließlich
die Fragepartikel **ma**. Als Beispiel:

Subjekt	*chángcháng*	*Verb + Objekt*	*ma*
你	常常	去 饭馆	吗？
Nǐ	chángcháng	qù fànguǎn	ma?

Gehst Du oft im Restaurant essen?

Um zu antworten, fangen Sie mit dem Subjekt an,
gefolgt von **yǒushíhòu,** dann das Verb (+ Objekt). Eine
mögliche Antwort auf die obige Frage wäre:

Subjekt	*Verb + Objekt*	*Verb*
我	有时候	去。
Wǒ	yǒushíhòu	qù.

Ich gehe manchmal.

Üben Sie diese Satzstruktur. Benutzen Sie die folgenden
Verben und Objekte um Fragen zu stellen und antwor-
ten Sie mit den Verben.

换钱	换
huàn qián	huàn
去网吧	去
qù wǎngbā	qù
去商店	去
qù shāngdiàn	qù
买电话卡	买
mǎi diànhuà kǎ	mǎi
上汉语课	上
shàng Hànyǔkè	shàng

231

跟 gēn … 一起 yìqǐ …

Die Satzstruktur für Ausdrücke mit 跟 **gēn** … 一起 **yìqǐ** … (etwas mit jemandem zusammen machen) lautet:

Subj.	***gēn** + Person + **yìqǐ***	*Verb*	*Objekt*
我	跟朋友一起	吃	饭。
Wǒ	gēn péngyou yìqǐ	chī	fàn.

Ich esse mit einem Freund.

Üben Sie Sätze nach diesem Muster zu bilden. Verwenden Sie die folgenden Personen, Verben und Objekte.

Person	*Verb*	*Objekt*
英国人	喝	咖啡。
Yīngguórén	hē	kāfēi.
王老师	去	换钱。
Wáng lǎoshī	qù	huànqián.
她	洗	衣服。
Tā	xǐ	yīfu.
刘小姐	去	商店。
Liú xiǎojie	qù	shāngdiàn.
马丽莎	上	课。
Mǎ Lìshā	shàng	kè.

Die Zeit angeben: Teil B   Lektion 26

Anmerkung zur Aussprache

Die meisten Deutschen müssen beim Erlernen der chinesischen Sprache besonders auf die Unterschiede in der Aussprache der Anlaute „j", „q", und „x" sowie „zh", „ch," und „sh" achten. Sie müssen diese klar und deutlich aussprechen, damit Ihr Gegenüber den Unterschied erkennt, vor allem bei sehr ähnlichen Paaren wie

jiā 家 (Heim) und **xiā** 虾 (Garnele), oder

quán 全 (vollständig) und **chuán** 船 (Boot).

Die Laute „j", „q" und „x" werden mit der Zungenspitze an der Rückseite der unteren Zahnreihe anliegend gebildet, die Zungenoberfläche befindet sich knapp hinter den oberen Zähnen. Ihr Mund sollte breit gespreizt sein, die Lippen eng aneinander anliegend.

Die Laute „zh", „ch" und „sh" werden mit der Zunge zurückgezogen gebildet, die Zungenspitze berührt leicht den Gaumen.

Beachten Sie, dass die Anlaute „j", „q" und „x" nur von den Auslauten „i" und „ü" (geschrieben „u") gefolgt werden können (oder von Auslauten beginnend mit „i" oder „ü"). Als Beispiel:

jī 鸡 Huhn	jiā 家 Heim	juān 捐 spenden
qī 七 Sieben	qiā 掐 kneifen	quān 圈 Kreis
xī 西 Westen	xiā 虾 Garnele	xuān 宣 erklären

2/42

Wenn Sie aufmerksam die Laute „j", „q" und „x" anhören, werden Sie immer ein „i" oder „ü" mitklingen hören.

233

Lektion 26   Die Zeit angeben: Teil B

Übungen zur Aussprache

Lesen Sie die folgenden Wörter laut vor. Achten Sie besonders auf den Unterschied zwischen „j", „q" und „x" sowie „zh", „ch" und „sh". Überprüfen Sie Ihre Aussprache durch die CD.

Pinyin	Zeich.	Deutsch	Pinyin	Zeich.	Deutsch
1) júzi	桔子	Orange	zhúzi	竹子	Bambus
2) jūzi	锔子	Krampe	zhūzi	珠子	Perle
3) jiāng	姜	Ingwer	zhāng	张	öffnen
4) qiū	秋	Herbst	chōu	抽	herausnehmen
5) qiáng	墙	Mauer	cháng	长	lang
6) xùn	训	trainieren	shùn	顺	glatt
7) xuān	宣	verkünden	quān	圈	Kreis
8) zhuān	专	besonders	chuān	川	Fluss
9) qúnzi	裙子	Rock	Xúnzǐ	荀子	(Name eines chinesischen Philosophen)
10) shàng	上	hoch	xiàng	向	nach

Die Zeit angeben: Teil B — Lektion 26

Jede Silbe unten hat einen Anlaut und einen Auslaut, die zusammen ein komplettes Wort ergeben. Lesen Sie die An- und Auslaute, dann das ganze Wort. Überprüfen Sie Ihre Aussprache durch die CD.

2/44 Übung 2

Gruppe A:	Gruppe B:	Gruppe C:	Gruppe D:
j iǔ	zh è	y (i) īng	z ài
q ián	ch ǎo	w (u) ǔ	c óng
x iǎo	sh āng	yu (ü) án	s ì

Üben Sie Pinyin indem Sie die folgenden Wörter laut vorlesen.

2/45 Übung 3

1) jiājù 家具 Möbel
2) shāfā 沙发 Sofa
3) zhuōzi 桌子 Tisch
4) yǐzi 椅子 Stuhl
5) shūguì 书柜 Bücherregal
6) cānzhuō 餐桌 Esstisch
7) diànshì 电视 Fernseher
8) chuáng 床 Bett
9) shuāngrénchuáng 双人床 Doppelbett
10) chújù 橱具 Küchengeräte
11) guō 锅 Topf
12) bīngxiāng 冰箱 Kühlschrank

235

LEKTION

27 Die Zeit angeben: Teil C

2/46

Übung 1

Hören Sie die Wörter auf der CD und schreiben Sie diese in Pinyin-Umschrift mit Betonungszeichen.

1)_____   11)_____

2)_____   12)_____

3)_____   13)_____

4)_____   14)_____

5)_____   15)_____

6)_____   16)_____

7)_____   17)_____

8)_____   18)_____

9)_____   19)_____

10)_____   20)_____

2/47

Übung 2

Lesen und hören Sie den Dialog und beantworten Sie die Fragen.

Lernen Sie zuvor diese neuen Wörter: 知道 zhīdào (wissen) 开门 kāimén (eine Tür öffnen) 离 lí (von)

A: Deutsche 德国人 ***Déguórén***

B: Chinese 中国人 ***Zhōngguórén***

A: 我要换一点儿钱。你知道银行几点钟开门吗？
Wǒ yào huàn yì diǎnr qián. Nǐ zhīdào Yínháng jǐ diǎnzhōng kāimén ma?

B: 银行九点钟开门。
Yínháng jiǔ diǎnzhōng kāimén.

A: 现在几点了？
Xiànzài jǐ diǎn le?

236

Die Zeit angeben: Teil C   Lektion 27

B: 现在八点。
    Xiànzài bā diǎn.
A: 银行离这儿远吗？
    Yínháng lí zhèr yuǎn ma?
B: 不远。就在书店旁边。
    Bù yuǎn. Jiù zài shūdiàn pángbian.
A: 好。谢谢。
    Hǎo. Xièxie.
B: 不客气。
    Bú kèqi.

Fragen:

1. Wann findet diese Konversation statt? _____

   _____

2. Um wie viel Uhr öffnet die Bank? _____

   _____

3. Warum will die Deutsche zur Bank gehen?_____

   _____

4. Wo befindet sich die Bank? _____

   _____

Schreiben Sie die folgenden Uhrzeiten in Pinyin:

14:00 _____	16:10 _____
18:15 _____	9:45 _____
10:05 _____	11:00 _____
8:30 _____	7:10 _____
12:00 _____	15:50 _____
17:55 _____	13:00 _____

Übung 3

Lektion 27   Die Zeit angeben: Teil C

Übung 4

Ergänzen Sie die Lücken mit den passenden Fragewörtern.

1) 你早上 _____ 起床？

Nǐ zǎoshang _____ qǐchuáng?

2) 下课以后你做 _____ ？

Xiàkè yǐhòu nǐ zuò _____ ?

3) 你跟 _____ 一起去商店？

Nǐ gēn _____ yìqǐ qù shāngdiàn?

4) 晚上我去找你，_____ ？

Wǎnshang wǒ qù zhǎo nǐ _____ ?

5) 电话卡 _____ 钱一张？

Diànhuàkǎ _____ qián yì zhāng?

6) 厕所在 _____ ？

Cèsuǒ zài _____ ?

7) 你下午上班 _____ ？

Nǐ xiàwǔ shàngbān _____ ?

Übung 5

Um auf Chinesisch kommunizieren zu können, müssen Sie in der Lage sein, Zeitangaben machen zu können. Als Übung übersetzen Sie die folgenden Sätze ins Chinesische. Schreiben Sie in Pinyin.

1. Wie spät ist es jetzt? Es ist fünf vor zehn. _____

_____

_____

▶

238

Die Zeit angeben: Teil C   Lektion 27

2. Sollen wir heute Abend zusammen Abendessen? _____

_____

_____

3. Was machst Du heute? Ich gehe nach dem Englischun-
terricht ins Internetcafé. _____

_____

_____

4. Es ist jetzt Viertel vor vier. Ich werde mich ausruhen.

_____

_____

5. Wann gehst Du jeden Tag schlafen? Ich gehe oft um elf
Uhr zu Bett. _____

_____

_____

6. Manchmal dusche ich morgens, manchmal abends.

_____

_____

7. Ich habe morgens Unterricht, nachmittags gehe ich zur
Arbeit. _____

_____

_____

8. Meine Arbeit endet um fünf Uhr. _____

_____

_____

239

Lektion 27   Die Zeit angeben: Teil C

Offizielle und private Zeitangabe

Medien, Bahnhöfe, Flughäfen und andere öffentliche Institutionen verwenden wie im Deutschen die offizielle Zeitangabe (十四点半 shísìdiǎnbàn, vierzehn Uhr dreißig). Im täglichen Sprachgebrauch wird jedoch die private Zeitangabe genutzt, ergänzt um die Spezifikation *vormittags*, *nachmittags* oder *abends*: **shàngwǔ qī diǎn** (sieben Uhr vormittags), **xiàwǔ sì diǎn** (vier Uhr nachmittags) oder **wǎnshàng jiǔ diǎn** (neun Uhr abends).

Öffnungszeiten von Geschäften, Restaurants, und Ämtern

Geschäfte und Restaurants haben sieben Tage die Woche geöffnet. Ämter, Banken und Büros haben Montag bis Freitag geöffnet, Arbeitszeiten sind 8:30 Uhr – 17:30 Uhr, mit einer ein- oder zweistündigen Mittagspause.

Kalender: Teil A

LEKTION 28

Wichtige Redewendungen

今天星期几？ Jīntiān xīngqījǐ?	Welcher Wochentag ist heute?
周末我洗衣服。 Zhōumò wǒ xǐ yīfu.	Ich wasche am Wochenende meine Kleidung.
八月十号是我的生日。 Bāyuè shí hào shì wǒ de shēngrì.	Mein Geburtstag ist am 10. August.
我今年二十岁。 Wǒ jīnnián èrshí suì.	Ich bin 20 Jahre alt.

2/48

Wortschatz I • 生词一

2/49

Schriftzeichen	Pinyin	Deutsch
今天	jīntiān	heute
星期几	xīngqījǐ	welcher Wochentag
星期	xīngqī	Woche
星期二	xīngqī'èr	Dienstag; dienstags
明天	míngtiān	morgen
星期三	xīngqīsān	Mittwoch; mittwochs

241

每	měi	jeden
每天	měi tiān	jeden Tag
星期五	xīngqīwǔ	Freitag; freitags
节	jié	Feiertag; Ferien; Abschnitt
钟头	zhōngtóu	Stunde
对	duì	richtig, korrekt
不对	búduì	falsch
只有	zhǐyǒu	nur; nur wenn
星期一	xīngqīyī	Montag; montags
星期四	xīngqīsì	Donnerstag; donnerstags
天	tiān	Tag
工作	gōngzuò	arbeiten; Arbeit, Job
外国	wàiguó	Ausland
公司	gōngsī	Firma, Unternehmen
做	zuò	machen; als ... dienen

▶

Kalender: Teil A

Lektion 28

翻译	fānyì	Übersetzer, Dolmetscher; übersetzen, dolmetschen
周末	zhōumò	Wochenende
星期六	xīngqīliù	Samstag; samstags
家	jiā	Familie, Zuhause
休息	xiūxi	sich ausruhen
洗	xǐ	waschen
衣服	yīfu	Kleidung
洗衣服	xǐ yīfu	Wäsche waschen
星期日	xīngqīrì	Sonntag; sonntags
看	kàn/kān	sehen, betrachten; auf etwas aufpassen
电视	diànshì	Fernseher
可能	kěnéng	können, möglich sein; vielleicht
电影	diànyǐng	Film

Lektion 28   Kalender: Teil A

Dialog I · 对话一

SPRECHER A: 周文 *Zhóu Wén*
B: 马明 *Mǎ Míng*

A. 今天星期几？
Jīntiān xīngqījǐ?

B. 星期二。
Xīngqī'èr.

A. 明天星期三。我有中文课。
Míngtiān xīngqīsān. Wǒ yǒu Zhōngwénkè.

B. 你每天都有中文课吗？
Nǐ měitiān dōu yǒu Zhōngwénkè ma?

A. 不，星期三和星期五下午我有中文课，学中文。
Bù, xīngqīsān hé xīngqīwǔ xiàwǔ wǒ yǒu Zhōngwénkè, xué Zhōngwén.

B. 你每天上几节中文课？
Nǐ měi tiān shàng jǐ jié Zhōngwénkè?

A. 两节。
Liǎng jié.

B. 一节课是一个钟头，对不对？
Yì jié kè shì yí ge zhōngtóu, duì bú duì?

A. 不。一节课只有五十分钟。
Bù. Yì jié kè zhǐyǒu wǔshí fēnzhōng.

B. 星期一，星期二和星期四你都没有课吗？
Xīngqīyī, xīngqī'èr hé xīngqīsì nǐ dōu méiyǒu kè ma?

A. 这三天我工作，我在一个外国公司做翻译。
Zhè sān tiān wǒ gōngzuò. Wǒ zài yí ge wàiguó gōngsī zuò fānyì.

Kalender: Teil A

B. 这个周末你做什么？
Zhè ge zhōumò nǐ zuò shénme?

A. 星期六在家休息,洗衣服。星期日看电视，
也可能去看电影。
Xīngqīliù zài jiā xiūxi, xǐ yīfu. Xīngqīrì kàn diàn-
shì, yě kěnéng qù kàn diànyǐng.

Übersetzung von Dialog I

A: Was für ein Tag ist heute?

B: Dienstag.

A: Morgen ist Mittwoch. Da habe ich Chinesischunter-
erricht.

B: Hast Du jeden Tag Chinesischunterricht?

A: Nein, ich habe Mittwoch und Freitagnachmittag
Chinesischunterricht, ich studiere Chinesisch.

B: Wie oft hast Du jeden Tag Chinesischunterricht?

A: Zwei Mal.

B: Jede Unterrichtsstunde dauert eine Stunde, richtig?

A: Nein. Jede Unterrichtsstunde dauert nur fünfzig
Minuten.

B: Montag, Dienstag und Donnerstag hast du gar
keinen Unterricht?

A: An den drei Tagen arbeite ich. Ich arbeite in einer
ausländischen Firma als Übersetzerin.

B: Was machst Du dieses Wochenende?

A: Am Samstag werde ich mich zu Hause ausruhen
und Wäsche waschen, am Sonntag sehe ich fern,
vielleicht gehe ich ins Kino.

Im Dialog wird 几 **jǐ** (welche(r,s)) als Fragewort genutzt, um nach einem Datum, einer Zahl oder der Uhrzeit zu fragen:

几月？	Jǐyuè?	Welcher Monat?
几号？	Jǐhào?	Welches Datum? Welche Nummer?
几点？	Jǐdiǎn?	Wie viel Uhr?
星期几？	Xīngqījǐ?	Welcher Wochentag?

Wenn 几 **jǐ** ein Zähleinheitswort folgt, kann es auch verwendet werden, um nach einer Menge zu fragen. Als Beispiel:

几个钟头？	Jǐ ge zhōngtóu?	Wie viele Stunden?
几分钟？	Jǐ fēnzhōng?	Wie viele Minuten?
几天？	Jǐtiān?	Wie viele Tage?
几年？	Jǐnián?	Wie viele Jahre?

Es gibt vier Arten, die chinesische Sprache auf Chinesisch zu bezeichnen. 中文 **Zhōngwén** umschrieb ursprünglich die geschriebene chinesische Sprache, inzwischen umfasst der Begriff aber auch gesprochenes Chinesisch. Ein genauerer Begriff ist 汉语 **Hànyǔ**, der sowohl die geschriebene als auch die gesprochene chinesische Sprache beinhaltet. 中国话 **Zhōngguóhuà** ist ein umgangssprachlicher Begriff für gesprochenes Chinesisch. 普通话 **Pǔtōnghuà** ist der offizielle Name für Mandarin.

Im Chinesischen bedeutet 每天 **měi tiān** *jeden Tag*. 都 **dōu** (alle) wird vor das Verb gestellt und betont, dass die gleiche Handlung jeden Tag vorgenommen wird.

学 **xué** (lernen, studieren) als transitives Verb kann vor einem Nomen stehen, wie in 学中文 **xué Zhōngwén** (Chinesisch lernen). Ihm kann auch ein Verb folgen, wie in 学数数 **xué shǔ shù** (zählen lernen).

节 **jié** (Abschnitt, Stück, Glied) ist ein Zähleinheitswort für Kurse, Eisenbahnwaggons und Batterien. 一节课 **yì jié kè** bedeutet *eine Unterrichtsstunde*.

Um Stunden zu zählen, setzt man das Zähleinheitswort 个 **ge** vor 钟头 **zhōngtóu** (Stunde):

一个钟头	yí ge zhōngtóu	eine Stunde
四个钟头	sì ge zhōngtóu	vier Stunden

个 **ge** wird auch mit dem formelleren Begriff 小时 **xiǎoshí** (Stunde) verwendet: 一个小时 **yí ge xiǎoshí** (eine Stunde).

分钟 **fēnzhōng** (Minute) wird verwendet, um Minuten zu zählen (Zeitdauer).

休息 **xiūxi** (ausruhen, entspannen) ist ein intransitives Verb und kann daher nicht von einem Nomen gefolgt werden. Ihm kann aber eine Zeitbestimmung folgen:

休息十分钟 xiūxi shí fēnzhōng	sich zehn Minuten ausruhen
休息一会儿 xiūxi yí huìr	eine Pause machen (eine kurze Zeit)

Lektion 28   Kalender: Teil A

Wortschatz II • 生词二

Schriftzeichen	Pinyin	Deutsch
号	hào	Datum; Nummer
几号	jǐhào	welches Datum (des Monats); welche Nummer
月	yuè	Monat
八月	bāyuè	August
生日	shēngrì	Geburtstag
哪年	nǎnián	welches Jahr
年	nián	Jahr
出生	chūshēng	geboren werden
生	shēng	geboren werden; Leben
今年	jīnnián	dieses Jahr
岁	suì	Alter
多大	duōdà	wie alt
四月	sìyuè	April
大	dà	alt (im Kontext Alter)

▶

248

Kalender: Teil A

Lektion 28

过	guò	passieren, überqueren; feiern, (Zeit) verbringen; durchgehen
过生日	guò shēngrì	Geburtstag haben
明年	míngnián	nächstes Jahr
想	xiǎng	wollen; denken; mögen
星期天	xīngqītiān	Sonntag; sonntags
昨天	zuótiān	gestern
前天	qiántiān	vorgestern
后天	hòutiān	übermorgen
上个	shàng ge	voriger, erster Teil
上个星期	shàng ge xīngqī	letzte Woche
这个星期	zhè ge xīngqī	diese Woche
下个	xià ge	nächste; spätere
下个星期	xià ge xīngqī	nächste Woche

▶

249

Lektion 28 Kalender: Teil A

每个	měi ge	jede
每个星期	měi ge xīngqī	jede Woche; wöchentlich
去年	qùnián	letztes Jahr
上个月	shàng ge yuè	letzter Monat
这个月	zhè ge yuè	dieser Monat
下个月	xià ge yuè	nächster Monat

2/52

Dialog II · 对话二

SPRECHER A: Deutscher 德国人 *Déguórén*
B: Chinesin 中国人 *Zhōngguórén*

A: 今天几号？
Jīntiān jǐ hào?

B: 今天八月十号。
Jīntiān bāyuè shí hào.

A: 明天八月十一号，是我的生日。
Míngtiān bāyuè shíyī hào, shì wǒ de shēngrì.

B: 你是哪年出生的？
Nǐ shì nǎ nián chūshēng de?

Kalender: Teil A   Lektion 28

A: 我是一九八五年生的。我今年二十一岁了。
   你呢？你多大了？
   Wǒ shì yī jiǔ bā wǔ nián shēng de. Wǒ jīnnián
   èrshíyī suì le. Nǐ ne? Nǐ duō dà le?

B: 我今年三十九岁。
   Wǒ jīnnián sānshíjiǔ suì.

A: 你的生日是哪天？
   Nǐ de shēngrì shì nǎ tiān?

B: 我的生日是四月六号。我是在德国过的生日。
   Wǒ de shēngrì shì sìyuè liù hào. Wǒ shì zài Déguó
   guò de shēngrì.
   明天我们在北京给你过生日。
   Míngtiān wǒmen zài Beijing gěi nǐ guò shēngrì.

A: 太好了！谢谢！
   Tài hǎo le! Xièxie!

B: 明年我也想在北京过生日。
   Míngnián wǒ yě xiǎng zài Běijīng guò shēngrì.

Übersetzung von Dialog II

A: Welcher Tag ist heute?

B: Heute ist der 10. August.

A: Morgen ist der 11. August, mein Geburtstag.

B: In welchem Jahr bist Du geboren?

A: Ich bin 1985 geboren. Ich werde dieses Jahr 21.
   Und Du? Wie alt bist Du?

B: Ich bin 39.

A: An welchem Tag hast Du Geburtstag?

▶

B: Mein Geburtstag ist am 6. April. Ich habe meinen Geburtstag in Deutschland gefeiert. Morgen feiern wir deinen Geburtstag in Beijing.

A: Das ist sehr schön! Vielen Dank.

B: Ich will meinen Geburtstag nächstes Jahr auch in Beijing feiern.

你多大了？ **Nǐ duō dà le?** (Wie alt bist Du?) ist eine Frage, die man einem Mitglied der gleichen Generation stellt. Wenn Sie ältere Personen fragen, verwenden Sie das höflichere 您 **nín** an Stelle von 你 **nǐ**: 您多大年纪 了？ **Nín duō dà niánjì le?** (Wie alt sind Sie?). Um ein Kind, das noch unter zehn Jahre alt ist, zu fragen, sagen Sie: 你几岁了？ **Nǐ jǐ suì le?** (Wie alt bist Du?). Das kommt daher, weil **jǐ** 几 normalerweise nur für Zahlen bis zehn verwendet wird.

Kalender: Teil B

LEKTION 29

Die Wochentage

Traditionell wurden die Tage in China nur in Monate
unterteilt, nicht in Wochen. Seit Anfang des 20. Jahrhun-
derts wurde dann das Konzept der *Woche* 星期 **xīngqī**
aus dem Westen übernommen. Es gibt im Chinesischen
keine speziellen Namen für die Wochentage. Statt dessen
werden die Tage von Montag bis Samstag einfach durch-
nummeriert, als 星期 **xīngqī** gefolgt von der Zahl eins bis
sechs. Sonntag wird als 星期 **xīngqī** gefolgt von 日 **rì** oder
天 **tiān** *Tag* bezeichnet. Die wörtliche Übersetzung von 星
期 **xīngqī** ist *Sternenperiode*.

Xīngqī	+ *Zahl*	
星期 xīngqī	一 yī	Montag
星期 xīngqī	二 èr	Dienstag
星期 xīngqī	三 sān	Mittwoch
星期 xīngqī	四 sì	Donnerstag
星期 xīngqī	五 wǔ	Freitag
星期 xīngqī	六 liù	Samstag
星期 xīngqī	日 rì /	Sonntag
星期 xīngqī	天 tiān	

Zeitangaben

前天 qiántiān	vorgestern
昨天 zuótiān	gestern
今天 jīntiān	heute
明天 míngtiān	morgen

后天 hòutiān	übermorgen
去年 qùnián	letztes Jahr
今年 jīnnián	dieses Jahr
明年 míngnián	nächstes Jahr

Zähleinheitswörter im Datum

Ihnen sind vielleicht im Dialog in Lektion 28 die Begriffe 这三天 **zhè sān tiān** (diese drei Tage) und 这个周末 **zhè ge zhōumò** (dieses Wochenende) aufgefallen. Wenn 天 **tiān** (Tage) oder 年 **nián** (Jahre) gezählt werden, wird kein Zähleinheitswort benötigt. Als Beispiel:

三天 sān tiān	drei Tage
两年 liǎng nián	zwei Jahre

Wenn hingegen 星期 **xīngqī** (Wochen) oder 月 **yuè** (Monate) gezählt werden, muss das Zähleinheitswort 个 **ge** vor 星期 **xīngqī** oder 月 **yuè** gestellt werden. Als Beispiel:

三个星期 sān ge xīngqī	drei Wochen
两个月 liǎng ge yuè	zwei Monate

Mit 这个 **zhè ge** bezieht man sich auf einen bestimmten Tag, Monat usw. in der Vergangenheit, Gegenwart oder Zukunft. 上个 **shàng ge** bedeutet *letzte*, 下个 **xià ge** bedeutet *nächste* und 每个 **měi ge** bedeutet *jede*.

这个星期三	zhè ge xīngqīsān	diesen Mittwoch
这个周末	zhè ge zhōumò	dieses Wochenende
下个周末	xià ge zhōumò	nächstes Wochenende
上个星期	shàng ge xīngqī	letzte Woche

Kalender: Teil B   Lektion 29

下个星期	xià ge xīngqī	nächste Woche
每个星期	měi ge xīngqī	jede Woche
上个月	shàng ge yuè	letzten Monat
下个月	xià ge yuè	nächsten Monat
每个月	měi ge yuè	jeden Monat

Monate

Die Namen der zwölf Monate werden einfach durch die
Zahl eins bis zwölf mit dem Wort 月 **yuè** (Monat) gebildet.

Zahl +	月 *yuè*	
一 yí	月 yuè	Januar
二 èr	月 yuè	Februar
三 sān	月 yuè	März
四 sì	月 yuè	April
五 wǔ	月 yuè	Mai
六 liù	月 yuè	Juni
七 qī	月 yuè	Juli
八 bā	月 yuè	August
九 jiǔ	月 yuè	September
十 shí	月 yuè	Oktober
十一 shíyī	月 yuè	November
十二 shíèr	月 yuè	Dezember

Die Tage des Monats werden durch die Zahl 1 bis 31
zusammen mit 号 **hào** (Nummer) oder 日 **rì** (Tag) gebil-
det.

一号 yí hào (1.), 二号 èr hào (2.), 三号 sān hào (3.) … 三
十一号 sānshíyí hào (31.)

255

Lektion 29   Kalender: Teil B

Reihenfolge von Jahren, Monaten und Tagen

Wenn ein Monat angegeben wird, so nennt man diesen
vor dem Tag. Der *1. Januar* heißt also 一月一号 **yíyuè yí
hào**. Genau wie zuvor bei der Uhrzeit wird auch hier von
der größten zur kleinsten Einheit gezählt. Für das Datum
ist die Reihenfolge also: Jahr, Monat, Tag. Als Beispiel:

2004年1月1号下午5点   5 Uhr nachmittags am 1.
èr líng líng sì nián yí yuè Januar 2004
yí hào xiàwǔ wǔ diǎn

去年三月五号   5. März letzten Jahres
qùnián sānyuè wǔ hǎo

是 **shì** (sein) wird bei Zeitausdrücken für gewöhnlich
weggelassen, in verneinenden Sätzen mit 不是 **bú shì**
(nicht sein) muss es aber stehen. Als Beispiel:

今天星期一。   Heute ist Montag.
Jīntiān xīngqīyī.

他十九岁。   Er ist 19 Jahre alt.
Tā shíjiǔ suì.

今天不是八月十号。   Heute ist nicht der 10. August.
Jīntiān búshì bāyuè shí
hào.

Das Satzmuster 是 *shì ...* 的 *de*

Dieses Satzmuster wird verwendet, um die Zeit, den Ort
oder die Art einer Handlung oder eines Ereignisses in der
Vergangenheit hervorzuheben. Als Beispiel betont die
folgende Frage nach dem Alter speziell das Geburtsjahr:▶

Kalender: Teil B   Lektion 29

你是哪年出生的？　　In welchem Jahr wurdest Du
Nǐ shì nǎ nián chūshēng geboren?
de?

我是1981年生的。　　Ich bin 1981 geboren.
Wǒ shì yī jiǔ bā yī nián
shēng de.

Im nächsten Beispiel wird die Art der Handlung betont:

我是坐车去的。　　　Ich bin per Bus hingefahren.
Wǒ shì zuò chē qù de.

Wenn das Verb, das eine Handlung oder ein Ereignis be-
schreibt, aus einer Verb-Objekt Kombination besteht, kann
的 **de** entweder zwischen Verb und Objekt oder hinter die
Verb-Objekt Kombination gestellt werden. Die Bedeutung
bleibt gleich. Als Beispiel:

你是在哪儿换的钱？　Wo hast Du Geld gewechselt?
Nǐ shì zài nǎr huàn de qián?

oder

你是在哪儿换钱的？　Wo hast Du Geld gewechselt?
Nǐ shì zài nǎr huànqián de?

Wie man Jahreszahlen ausspricht

Jahreszahlen werden Ziffer für Ziffer gelesen, gefolgt vom
Wort 年 **nián** (Jahr):

一九八一年　yī jiǔ bā yī nián　　　　1981

二00四年　èr líng líng sì nián　　　2004

Lektion 29   Kalender: Teil B

Welcher Tag ist heute?

Um auf Chinesisch nach dem Wochentag zu fragen,
fangen Sie den Satz mit dem Subjekt an, gefolgt von der
Zeitangabe, gefolgt vom Fragewort 几 **jǐ**.

Subjekt	*Zeitangabe*	***jǐ***	
今天	星期	几?	Welcher Wochentag ist
Jīntiān	xīngqī	jǐ?	heute?

Um auf die Frage zu antworten, nutzen Sie einfach das
gleiche Subjekt mit der vervollständigten Zeitangabe.

Subjekt	*Zeitangabe*	
今天	星期一。	Heute ist Montag.
Jīntiān	xīngqīyī.	

Üben Sie die Wochentage wie im Beispiel gezeigt.
Nutzen Sie die angegebenen Subjekte und Zeitangaben.

明天	星期五
míngtiān	xīngqīwǔ
昨天	星期三
zuótiān	xīngqīsān
前天	星期二
qiántiān	xīngqīèr
后天	星期四
hòutiān	xīngqīsì
六号	星期六
liù hào	xīngqīliù
十五号	星期日
shíwǔ hào	xīngqīrì
二十七号	星期天
èrshíqī hào	xīngqītiān

Kalender: Teil B   Lektion 29

Zähleinheitswörter

Wenn man über Tage (天 **tiān**) und Jahre (年 **nián**) spricht, braucht man kein Zähleinheitswort. Wenn man aber angibt, wie viele Wochen oder Monate gemeint sind, muss man das Zähleinheitswort 个 **ge** verwenden.

Üben Sie die Zahl der Tage und Jahre mit 天 **tiān** oder 年 **nián** anzugeben.

Zahl	**tiān**	*Zahl*	**nián**
一	天	一	年
yì	tiān	yì	nián
ein Tag		ein Jahr	
五 wǔ		三 sān	
两 liǎng		四 sì	
九 jiǔ		十 shí	
三十一 sānshíyī		十五 shíwǔ	
二十 èrshí		一百 yībǎi	
七十 qīshí		六十 liùshí	

Üben Sie die Zahl der Wochen und Monate mit 星期 **xīngqī**, *Woche* oder 月 **yuè**, *Monat* anzugeben.

Zahl	**ge**	*Woche*	*Zahl*	**ge**	*Monat*
一	个	星期	一	个	月
yí	ge	xīngqī	yí	ge	yuè
eine Woche			ein Monat		
三 sān			两 liǎng		
六 liù			五 wǔ		
十 shí			十二 shí'èr		
四 sì			七 qī		
八 bā			九 jiǔ		

259

Nach dem Geburtstag fragen

Um jemanden nach seinem Geburtstag zu fragen, sagen Sie:

你	的	生日	是	几月几号？	An welchem Tag
Nǐ	de	shēngrì	shì	jǐyuè jǐhào?	hast Du Geburtstag?

Um zu antworten, fangen Sie mit dem Subjekt an, gefolgt von Verb und Datum:

我的	生日	是	五月 七号。	Mein Geburtstag ist am 7. Mai.
Wǒde	shēngrì	shì	wǔyuè qī hào.	

Üben Sie mit den angegebenen Subjekten und Datumsangaben nach dem Geburtstag zu fragen und auf diese Frage zu antworten.

Subjekt	*Datum*
他	十月一号。
Tā	shíyuè yí hào.
王小姐	八月六号。
Wáng xiǎojie	bāyuè liù hào.
你朋友	四月九号。
Nǐ péngyou	sìyuè jiǔ hào.
中文老师	六月三十一号。
Zhōngwén lǎoshī	liùyuè sānshíyī hào.
英文老师	十二月十五号。
Yīngwén lǎoshī	shí'èryuè shíwǔ hào.

Um zu fragen, was jemand an einem bestimmten Tag oder zu einer bestimmten Zeit macht, nutzen Sie die folgende Struktur:

Kalender: Teil B

Zeit	Subj.	Verb	Fragewort
周末	你	做	什么？
Zhōumò	nǐ	zuò	shénme?

Was machst Du am Wochenende?

In der Antwort nutzen Sie *Ich* als Subjekt, gefolgt von Verb und Objekt, um die Aktivitäten zu beschreiben.

我		洗	衣服。
Wǒ		xǐ	yīfu.

Ich wasche Wäsche.

Üben Sie die Frage *Was machst Du am...?* zu stellen und zu beantworten. Nutzen Sie die folgenden Zeiten, Verben und Objekte.

Zeit	Verb	Objekt
星期三	上	中文课
Xīngqīsān	shàng	Zhōngwénkè
星期二上午	教	英语
Xīngqī'èr shàngwǔ	jiāo	Yīngyǔ
星期日下午	休息	
Xīngqīrì xiàwǔ	xiūxi	
明天	去	商店
Míngtiān	qù	shāngdiàn
今天晚上	看	电视
Jīntiān wǎnshang	kàn	diànshì
这个星期六	看	电影
Zhè ge xīngqīliù	kàn	diànyǐng
星期四上午	去	换钱
Xīngqīsì shàngwǔ	qù	huànqián
中午	睡	午觉
Zhōngwǔ	shuì	wǔjiào

Lektion 29 Kalender: Teil B

Anmerkung zur Aussprache

Das chinesische „u" ist dem langen deutschen „u" sehr ähnlich. Einige Beispiele:

2/53

Pinyin	*Schriftzeichen*	*Deutsch*
1) wǔ	五	fünf
2) wūzi	屋子	Zimmer
3) wǔshù	武术	Kampfsport
4) tǔdì	土地	Land, Erde
5) gǔdài	古代	alte Zeiten
6) mǔqin	母亲	Mutter
7) dǔchē	堵车	Verkehrsstau
8) dúyào	毒药	Gift

Kalender: Teil B — Lektion 29

Übungen zur Aussprache

Lesen Sie die folgenden Ausdrücke laut vor, achten Sie besonders auf die Aussprache von „u".

2/54

Übung 1

Pinyin	Schriftzeichen	Deutsch
1) wūyún	乌云	schwarze Wolke
2) wūguī	乌龟	Schildkröte
3) wūlóngchá	乌龙茶	Oolong Tee
4) Wúxī	无锡	(Stadtname)
5) wúhuāguǒ	无花果	Feige
6) wúmíng	无名	unbekannt
7) wǔqì	武器	Waffe
8) wǔlì	武力	militärische Gewalt
9) wǔyuè	五月	Mai
10) wǔxīng	五星	fünf Sterne
11) wǔfàn	午饭	Mittagessen
12) kùzi	裤子	Hosen
13) wùhuì	误会	Missverständnis
14) wùlǐ	物理	Physik
15) wùjià	物价	Warenpreis
16) gūlì	孤立	isoliert
17) Tánggū	塘沽	(Ortsname)
18) Zhūjiāng	珠江	(Flussname)
19) zūjīn	租金	Miete
20) dúlì	独立	unabhängig
21) dúshū	读书	studieren
22) tòngkǔ	痛苦	Schmerz
23) zǔguó	祖国	Vaterland
24) dùzi	肚子	Bauch

263

Lektion 29 Kalender: Teil B

Übungen zur Aussprache

Lesen Sie die folgenden Namen von Lebensmitteln laut vor, um Ihre Aussprache zu üben und gleichzeitig nützliche Begriffe zu lernen.

1) shuǐguǒ 水果 Frucht
2) lí 梨 Birne
3) pútao 葡萄 Traube
4) táo 桃 Pfirsich
5) lìzhī 荔枝 Litschi
6) xiāngjiāo 香蕉 Banane
7) píngguǒ 苹果 Apfel
8) júzi 桔子 Orange
9) shūcài 蔬菜 Gemüse
10) bōcài 菠菜 Spinat
11) báicài 白菜 Chinakohl
12) tǔdòu 土豆 Kartoffel
13) biǎndòu 扁豆 grüne Bohnen
14) xiǎocōng 小葱 Frühlingszwiebeln
15) qīngjiāo 青椒 grüne Paprika
16) xīhóngshì 西红柿 Tomate
17) shēngcài 生菜 Salat
18) tiáoliào 调料 Gewürze
19) yán 盐 Salz
20) hújiāo 胡椒 Pfeffer
21) báitáng 白糖 Zucker
22) cù 醋 Essig
23) jiàngyóu 酱油 Sojasoße
24) guàntóu 罐头 Dosen
25) yóu 油 Öl
26) làjiāojiàng 辣椒酱 Chilisauce
27) shípǐn 食品 Lebensmittel
28) miànbāo 面包 Brot
29) miànfěn 面粉 Mehl
30) mǐ 米 Reis
31) miàntiáo 面条 Nudeln
32) bāozi 包子 gedämpfte, gefüllte Teigtaschen
33) jiǎozi 饺子 Nudelteigtasche
34) rìyòngpǐn 日用品 Alltagsgegenstände
35) féizào 肥皂 Seife

Kalender: Teil B Lektion 29

36) shūzi 梳子 Kamm
37) wèishēngzhǐ 卫生纸 Toilettenpapier
38) jiǎnzi 剪子 Schere
39) xǐfàjì 洗发剂 Haarwaschmittel
40) yáshuā 牙刷 Zahnbürste
41) máojīn 毛巾 Handtuch
42) yágāo 牙膏 Zahnpasta
43) zhījiadāo 指甲刀 Nagelschere
44) guāhúdāo 刮胡刀 Rasierer

Lesen Sie die folgenden Wörter laut vor. So können Sie Ihre Aussprache üben und gleichzeitig Berufsbezeichnungen auf Chinesisch lernen.

2/56

Übung 3

1) yóudìyuán	邮递员	Postmitarbeiter(in)
2) shòuhuòyuán	售货员	Verkäufer(in)
3) yīshēng	医生	Arzt, Ärztin
4) hùshi	护士	Krankenschwester
5) qīngjiégōng	清洁工	Reinigungskraft
6) gōngchǎng gōngrén	工厂工人	Fabrikarbeiter(in)
7) lǎoshī	老师	Lehrer
8) bàngōngshì de zhíyuán	办公室的职员	Büroangestellte(r)
9) yánjiūyuán	研究员	Forscher(in)
10) zǔzhǎng	组长	Teamleiter(in)
11) jìzhě	记者	Journalist(in)
12) jiémù zhǔchírén	节目主持人	Moderator(in)
13) biānjí	编辑	Redakteur(in)
14) dǎoyǎn	导演	Regisseur(in)
15) zuòjiā	作家	Schriftsteller(in)

265

LEKTION

30 Kalender: Teil C

Lesen und hören Sie den Dialog und beantworten Sie die Fragen.

Lernen Sie zuvor diese neuen Wörter:

糟糕	zāogāo	schrecklich
功课	gōngkè	Hausaufgaben
什么时候	shénme shíhòu	welche Zeit
时间	shíjiān	Zeit
快	kuài	schnell, beeilen

A: 今天星期几？
Jīntiān xīngqī jǐ?
B: 今天星期四。
Jīntiān xīngqī sì.
A: 今天不是星期五吗？
Jīntiān búshì xīngqī wǔ ma?
B: 不是。今天不是星期五，今天是星期四。
Búshì. Jīntiān búshì xīngqī wǔ, jīntiān shì xīngqī sì.
A: 糟糕！今天我有中文课。我的功课还没做呢。
Zāogāo! Jīntiān wǒ yǒu Zhōngwénkè. Wǒ de gōngkè hái méi zuò ne.
B: 你昨天为什么没做呢？
Nǐ zuótiān wèi shénme méi zuò ne?
A: 昨天下课以后我去银行换钱了。回来以后又看了一会儿电视，就没做功课。
Zuótiān xiàkè yǐhòu wǒ qù yínháng huàn qián le. Huílái yǐhòu yòu kàn le yí huìr diànshì, jiù méi zuò gōngkè.
B: 今天你什么时候有中文课？
Jīntiān nǐ shénme shíhòu yǒu Zhōngwénkè?
A: 今天下午两点我有中文课。现在几点了？
Jīntiān xiàwǔ liǎng diǎn wǒ yǒu Zhōngwénkè. Xiànzài jǐ diǎn le?

Kalender: Teil C   Lektion 30

B: 现在是九点半。还有时间，你快做吧。
    Xiànzài shì jiǔdiǎn bàn. Hái yǒu shíjiān, nǐ kuài zuò
    ba.

Fragen:

1. Welcher Tag ist heute? _____

   _____

2. Welchen Unterricht hat Sprecherin A heute und um wie
   viel Uhr? _____

   _____

3. Welches Problem hat sie? _____

   _____

   _____

4. Um wie viel Uhr findet die Konversation statt?_____

   _____

Schreiben Sie die sieben Wochentage in Pinyin.

Montag _____

Dienstag _____

Mittwoch _____

Donnerstag _____

Freitag _____

Samstag _____

Sonntag _____

Lektion 30   Kalender: Teil C

Übung 3

Schreiben Sie die zwölf Monate des Jahres in Pinyin auf.

Januar _____

Februar _____

März _____

April _____

Mai _____

Juni _____

Juli _____

August _____

September _____

Oktober _____

November _____

Dezember _____

Kalender: Teil C   Lektion 30

Übung 4

Schreiben Sie Monat und Tag der Nationalfeiertage von
Deutschland (3. Oktober), Österreich (26. Oktober), der
Volksrepublik China (1. Oktober) und Taiwan (10. Oktober) in Pinyin auf.

Deutschland: _____

Österreich: _____

Volksrepublik China: _____

Taiwan: _____

Übung 5

Übersetzen Sie die folgenden Ausdrücke ins Chinesische
und schreiben Sie diese in Pinyin auf.

1) Montagmorgen _____

2) Donnerstag um 15:30 Uhr _____

3) 3. Oktober 1990 _____

4) 1. Mai 2001 _____

5) 16. Juli 2004 _____

6) Sonntagnachmittag _____

Übung 6

Ergänzen Sie die Sätze, achten Sie darauf, ob ein Zähleinheitswort gebraucht wird.

1) _____ 年有 _____ 月 。
    (ein)   nián yǒu   yuè.

2) _____ 月有 _____ 天 。
   (Januar)   yuè yǒu   tiān.

▶

269

Lektion 30   Kalender: Teil C

3) _____ 星期有 _____ 天。
   (eine)   xīngqī yǒu   tiān.

4) _____ 星期三是 _____ 月 _____ 号。
   (nächster) xīngqīsān shì (März) yuè (16) hào.

5) _____ 年我是 _____ 岁。
   (dieses) nián wǒ shì (20) suì.

6) _____ 月我去中国。
   (nächster) yuè wǒ qù Zhōngguó.

7) 我 _____ 天有三节课。
   Wǒ (jeden)   tiān yǒu sān jié kè.

Übung 7

Um sich in Chinesisch unterhalten zu können, müssen
Sie über Ihren Zeitplan reden können. Zur Vorberei-
tung übersetzen Sie die folgenden Sätze ins Chinesische.
Schreiben Sie in Pinyin.

1) Morgen ist Freitag. Ich habe nachmittags Chinesischun-
   terricht. _____

   _____

2) Unterrichtest Du dienstags und mittwochs Deutsch?

   _____

   _____

3) Mein Geburtstag ist am 15. Dezember. Ich will meinen
   Geburtstag in China feiern. _____

   _____

   _____

4) Jeden Samstag wasche ich meine Wäsche, sonntags
   schaue ich Fernsehen. _____

   _____

   _____

270

5) Am Montag werde ich zur Bank of China gehen, um
Geld zu wechseln. _____
_____
_____

Chinesischer Kalender

Wie die meisten Länder der Welt richtet sich auch China nach dem Sonnenkalender (阳历 **yánglì**), der sich gemäß den Umdrehungen der Erde um die Sonne in 365 Tage unterteilt. Die Termine der traditionellen chinesischen Feiertage richten sich jedoch nach dem Mondkalender (阴历 **yīnlì**), der sich gemäß den Umdrehungen des Mondes um die Erde in 12 Monate zu 29 oder 30 Tagen aufteilt, insgesamt 354 Tage pro Jahr. Auf dem chinesischen Kalender steht meist etwas kleiner gedruckt auch das Datum nach dem Mondkalender.

Der Qínhuái Fluss in Nánjīng

Chinesische Tierkreiszeichen (生肖 shēngxiāo)

Das Geburtsjahr einer Person wird durch eins von zwölf Tieren repräsentiert, die wiederum für die zwölf Erdzweige stehen. Traditionell ging man davon aus, dass diese Tierkreiszeichen den Charakter eines Menschen widerspiegeln und Einfluss auf die Wahl eines geeigneten Ehepartners haben. Wenn Sie Ihr Tierkreiszeichen nachschlagen, denken Sie daran, das Geburtsjahr gemäß dem Mondkalender zu bestimmen, der Ende Januar oder Februar nach dem Sonnenkalender anfängt.

鼠	shǔ (Ratte)	1996	1984	1972	1960	1948	1936
牛	niú (Büffel)	1997	1985	1973	1961	1949	1937
虎	hǔ (Tiger)	1998	1986	1974	1962	1950	1938
兔	tù (Hase)	1999	1987	1975	1963	1951	1939
龙	lóng (Drachen)	2000	1988	1976	1964	1952	1940
蛇	shé (Schlange)	2001	1989	1977	1965	1953	1941
马	mǎ (Pferd)	2002	1990	1978	1966	1954	1942
羊	yáng (Schaf)	2003	1991	1979	1967	1955	1943
猴	hóu (Affe)	2004	1992	1980	1968	1956	1944
鸡	jī (Hahn)	2005	1993	1981	1969	1957	1945
狗	gǒu (Hund)	2006	1994	1982	1970	1958	1946
猪	zhū (Schwein)	2007	1995	1983	1971	1959	1947

Traditionelle chinesische Feste

Es gibt mehrere traditionelle chinesische Feste und Feiertage:

Das **LATERNENFEST** (元宵节 **Yuánxiāojié**), am fünfzehnten Tag nach dem chinesischen Neujahr (im Januar oder Februar), kennzeichnet das Ende des Frühlingsfestes. Zu diesem Fest werden Laternen aufgehängt und Klößchen aus klebrigem Reismehl (汤圆 **tāngyuán**) gegessen.

Zum **QINGMING-FEST** (清明节 **Qīngmíngjié**), am 5. April, wird in China der Toten gedacht. Traditionell geht man an diesem Tag die Gräber der Vorfahren säubern, bietet Opferspeisen an und verbrennt spezielle Papierstreifen. Diese symbolisieren Papiergeld, das die Toten in ihrer Welt nutzen können.

Das **DRACHENBOOTFEST** (端午节 **Duānwǔjié**), am fünften Tag des fünften Monats nach dem Mondkalender (im April oder Mai), gedenkt dem Tod von **Qū Yuán** (475–221 v. Chr.), dem Vater der chinesischen Dichtkunst. An diesem Tag isst man Klöße aus Klebreis, eingewickelt in Lotusblätter (粽子 **zòngzi**). In manchen Gegenden wird auch eine Drachenboot-Regatta veranstaltet.

Das **MONDFEST** (中秋节 **Zhōngqiūjié**), am fünfzehnten Tag des achten Monats nach dem Mondkalender (im September oder Oktober), gedenkt einer gescheiterten Rebellion gegen die mongolischen Herrscher während der Yuan Dynastie (1271–1368). Zu diesem Fest versammelt sich traditionell die ganze Familie. Am Abend des Mondfestes, nach dem Abendessen, betrachtet man gemeinsam den Mond, während man Mondkuchen (月饼 **yuèbing**) und Früchte dazu isst.

Schlüssel zu den Übungen

Lektion 3

Übung 1:
1) China — Zhōngguó
2) Hongkong — Xiānggǎng
3) Singapur — Xīnjiāpō
4) Schweden — Ruìdiǎn
5) Korea — Cháoxiǎn
6) Japan — Rìběn
7) Schweiz — Ruìshì
8) Kanada — Jiānádà
9) Spanien — Xībānyá
10) Schottland — Sūgélán

Übung 2:
1) Xī'ān 西安
2) Wǔhàn 武汉
3) Nánjīng 南京
4) Guìlín 桂林
5) Chéngdū 成都
6) Chángchūn 长春
7) Wūlǔmùqí 乌鲁木齐
8) Shényáng 沈阳
9) Shíjiāzhuāng 石家庄
10) Zhèngzhōu 郑州
11) Héféi 合肥
12) Nánchāng 南昌
13) Chángshā 长沙
14) Hángzhōu 杭州
15) Tàiyuán 太原
16) Fúzhōu 福州
17) Guǎngzhōu 广州
18) Kūnmíng 昆明
19) Guìyáng 贵阳
20) Nánníng 南宁
21) Lánzhōu 兰州
22) Xīníng 西宁
23) Lāsà 拉萨 (Lhasa)
24) Yínchuān 银川
25) Shēnzhèn 深圳
26) Sūzhōu 苏州

Übung 3: Überprüfen Sie Ihre Aussprache durch die CD.

Übung 4:
1) **Y**īngguó (England)
2) **Y**ángzhōu (Stadt)
3) Mr. **W**áng (Nachname)
4) **w**ǒ (ich)
5) **Y**uènán (Vietnam)
6) **y**ě (auch)
7) **w**ǔ (fünf)
8) **w**èi (Hallo)
9) **y**ī (eins)
10) **y**uán (¥1,00)
11) **y**ǒu (haben)
12) **y**īn-**y**áng (das Prinzip der beiden natürlichen Gegensätze)

274

Schlüssel zu den Übungen

Übung 5: 1) **Yǒuyì Shāngdiàn** (Freundschaftsladen)

2) **Hǎidiàn** (Stadtviertel in Peking)

3) **Gùgōng** (Palastmuseum)

4) **Tiān'ānmén** (Tiananmen-Platz, Peking)

5) **Tiāntán** (Himmelstempel)

6) **Hóngqiáo Shìchǎng** (Perlenmarkt, Peking)

7) **Xiùshuǐ Dōngjiē** (Seidenmarkt, Peking)

8) **Yíhéyuán** (Sommerpalast)

9) **Chángchéng** (Große Mauer)

10) **Shísānlíng** (Minggräber)

11) **Dàshǐguǎn** (Botschaft)

12) **Pānjiāyuán** (Panjiayuan Antiquitätenmarkt,

Peking)

Lektion 6

Übung 1:
1) shíyī	6) jiǔshíjiǔ
2) shíqī	7) sìshísì
3) qīshíyī	8) yìbǎilíngyī
4) sānshíliù	9) bābǎiyìshí'èr
5) wǔshíjiǔ	10) yìbǎilíngsān

Übung 2: 1) 三加六是几？ 9 Sān jiā liù shì jiǔ.

2) 十加十是几？ 20 Shí jiā shí shì èrshí.

3) 七加七是几？ 14 Qī jiā qī shì shísì.

4) 五十加五十是几？ 100 Wǔshí jiā wǔshí shì yìbǎi.

5) 四十五加六十六是几？ 111 Sìshíwǔ jiā liùshíliù

shì yìbǎiyìshíyī.

Übung 3:
1) 12	4) 57	7) 101	10) 984
2) 64	5) 89	8) 224	
3) 38	6) 96	9) 756	

Übung 4:
6: **liù**	1: **yī**
7: **qī**	3: **sān**
8: **bā**	5: **wǔ**
9: **jiǔ**	10: **shí**

Schlüssel zu den Übungen

Übung 5: 1) ◆ ◆ ◆ ◆ + ◆ ◆ ◆ ◆ ◆ = 9
Sì jiā wǔ shì jiǔ. 四加五是九。

2) ◆ ◆ ◆ ◆ ◆ ◆ ◆ + ◆ ◆ ◆ ◆ ◆ ◆ ◆= 14
Qī jiā qī shì shísì. 七加七是十四。

3) ◆ ◆ ◆ ◆ + ◆ ◆ ◆ ◆ = 8
Sì jiā sì shì bā. 四加四是八。

4) ◆ ◆ ◆ + ◆ ◆ ◆ ◆ ◆ ◆ ◆ ◆ = 11
Sān jiā bā shì shíyī. 三加八是十一。

5) ◆ ◆ ◆ ◆ ◆ ◆ + ◆ ◆ ◆ ◆ ◆ ◆ ◆ = 13
Liù jiā qī shì shísān. 六加七是十三。

6) ◆ ◆ ◆ ◆ ◆ + ◆ ◆ ◆ ◆ ◆ ◆ = 11
Wǔ jiā liù shì shíyī. 五加六是十一。

7) ◆ ◆ ◆ ◆ ◆ + ◆ ◆ = 7
Wǔ jiā èr shì qī. 五加二是七。

Lektion 9

Übung 1: 1) Was will der Ausländer machen?   Geld wechseln.

2) Welche Währung und wie viel Geld will er wechseln?   Er will €200 in RMB wechseln.

3) Wie viel Geld erhält er?   2188 RMB.

4) Wie viel RMB entsprechen € 1,00?   10,94 RMB = €1,00.

Übung 2: 1) Welchen Gegenstand will der Ausländer haben?   Diesen (nèige).

2) Wie viel bezahlt er dafür?   ¥ 2,50.

3) Was sagt die Verkäuferin, nachdem er sich entschieden hat?   O.K.

Übung 3: 1) liǎng kuài

2) liǎng fēn

3) liǎngbǎi'èrshí'èr yuán

4) liǎng qiān

5) liǎng yuán èr máo

6) liǎng bǎi

7) liǎng jiǎo

8) liǎng ōuyuán

276

Schlüssel zu den Übungen

Übung 4:

37 sānshíqī	56 wǔshíliù
94 jiǔshísì	27 èrshíqī
19 shíjiǔ	65 liùshíwǔ
12 shí'èr	73 qīshísān
100 yìbǎi	109 yìbǎilíngjiǔ
123 yìbǎi'èrshísān	176 yìbǎiqīshíliù

Lektion 12

Übung 1:
1) Wonach fragt der Ausländer zuerst? Gedämpftes Brot.
2) Wonach fragt der Ausländer noch? Reis.
3) Wie viel kostet es insgesamt? ¥ 3,00.
4) Wie viel Wechselgeld bekommt der Ausländer zurück? ¥ 2,00.

Übung 2:
1) Wie viele Gerichte bestellt der Ausländer? Zwei.
2) Wie viel kostet es insgesamt? ¥ 5,50.

Übung 4:

1) Fisch yú	3) Nudeln miàntiáo
2) Huhn jī	4) Rindfleisch niúròu

Übung 5:
1) Ist das Rindfleisch?
   Zhè shì niúròu ma?
   这是牛肉吗？
2) Ich will dieses Gericht nicht. Ich möchte jenes Gericht.
   Wǒ bú yào zhè ge cài. Wǒ yào nà ge cài.
   我不要这个菜。我要那个菜。
3) Ich möchte Eiersuppe.
   Wǒ yào jīdàntāng.
   我要鸡蛋汤。
4) Ich möchte auch noch vier gedämpfte Brötchen.
   Wǒ hái yào sì ge mántou.
   我还要四个馒头。
5) Ich möchte sonst nichts mehr, vielen Dank.
   Bú yào le, xièxie.
   不要了，谢谢。

277

Schlüssel zu den Übungen

Lektion 15

Übung 1:
1) Wonach fragt die Kundin den Kellner zuerst?　Welche Speisen haben Sie?
2) Was fragt die Kundin den Kellner danach?　Welche Fleischgerichte haben Sie?
3) Was bestellt die Kundin letztendlich?　Lamm.

Übung 2:
1) Was fragt die Kellnerin den Gast?　Was möchten Sie trinken?
2) Welche Getränke bietet die Kellnerin an?　Bier und andere kalte Getränke.
3) Was wählt der Gast?　Eine Kanne Tee.

Übung 3: freie Antwortmöglichkeit

Übung 4:
1) Welche Gerichte haben Sie?
   Nǐmen yǒu shénme cài?
   你们有什么菜？
2) Wir sind Vegetarier. Haben Sie vegetarische Speisen?
   Wǒmen dōu chīsù. Yǒu sùcài ma?
   我们都吃素。有素菜吗？
3) Bitte bringen Sie uns zwei Gläser Bier, eine Cola und ein Wasser. (来 lái bringen)
   Qǐng lái liǎng bēi píjiǔ, yì bēi kělě, yì bēi shuǐ.
   请来两杯啤酒，一杯可乐，一杯水。
4) Wir wollen drei Gerichte bestellen: einmal gebratenes Rindfleisch mit Zwiebeln, einmal Fisch und ein Gemüse.
   Wǒmen yào sān ge cài: yí ge cōngbào niúròu, yí ge yú hé yí ge sùcài.
   我们要三个菜：一个葱爆牛肉，一个鱼和一个素菜。
5) Fräulein, bezahlen, bitte. Wie viel kostet das insgesamt? (一共 yígòng insgesamt)
   Xiǎojie, mǎidān. Yígòng duōshao qián?
   小姐，买单。一共多少钱？

Schlüssel zu den Übungen

Lektion 18

Übung 1:
1) běn	9) tǔ
2) nào	10) chuán
3) rán	11) róng
4) yì	12) ruǎn
5) hòu	13) zì
6) bù	14) huā
7) kǒu	15) zé
8) wéi	

Übung 2:
1) Wie viel kostet ein Anruf nach Deutschland?
   ¥ 3,50 pro Minute.
2) Wie viel kostet ein Anruf nach Japan?
   ¥ 2,00 pro Minute.
3) Wie ist das Telefonieren günstiger?
   Mit einer Telefonkarte.

Übung 3:
1) yínháng	银行
2) fúwùyuán	服务员
3) bīnguǎn	宾馆
4) sìlíngèr fángjiān	402 房间
5) dǎ diànhuà	打电话
6) zài bù zài	在不在
7) huí diànhuà	回电话
8) gàosu	告诉
9) bù kèqi	不客气
10) nín zhǎo shéi	您找谁

Übung 4:
1) Wǒ mǎi yì **zhāng** kǎ. 我买一张 IP 卡。
2) Wǒ huàn yìbǎi **kuài** qián. 我换一百块钱。
3) Nǐ yào **shénme** cài? Wǒ yào yí **gè** jī, sān **gè** mántou.
   你要什么菜？我要一个鸡，三个馒头。

Übung 5:
1) Yígòng **duōshao** qián? 一共多少钱？
2) Zài **nǎr** mǎi diànhuàkǎ? 在哪儿买电话卡？
3) Nímen yǒu **shénme** cài? 你们有什么 菜？
4) Qǐng wèn, Mǎ Lìshā zài **ma**? 请问，马丽莎在吗？

279

Schlüssel zu den Übungen

Übung 6:
1) Wie rufe ich nach Deutschland an?
   Zěnme gěi Déguó dǎ diànhuà?
   怎么给德国打电话？
2) Welche Nummer soll ich zuerst wählen?
   Wǒ xiān bō shénme hào?
   我先拨什么号？
3) Wie viel kostet ein Anruf nach Deutschland pro Minute?
   Gěi Déguó dǎ diànhuà duōshǎo qián yì fēnzhōng?
   给德国打电话多少钱一分钟？
4) Das ist zu teuer. Wo kann ich eine Telefonkarte kaufen?
   Tài guìle. Zài nǎr mǎi diànhuàkǎ?
   太贵了。在哪儿买电话卡？

Lektion 21

Übung 1:
1) **měi**lì (美丽)
2) **kǎo**shì (考试)
3) **lǚ**xíng (旅行)
4) **nǔ**lì (努力)
5) **Lǔ** Xùn (鲁迅)
6) **lǎo**shī (老师)
7) **hái**zi (孩子)
8) **shéng**zi (绳子)
9) fǎ**lǜ** (法律)
10) mǎ**lù** (马路)
11) fù**jìn** (附近)
12) mì**shū** (秘书)
13) fèn**wài** (份外)
14) kǎo**yā** (烤鸭)
15) bùjué **yú'ěr** (不绝于耳)

Übung 2:
1) Der Chinese wohnt in Zimmer Nummer 302.
   Richtig
2) Das Zimmer der Deutschen ist in gutem Zustand.
   Falsch
3) Der Chinese braucht neue Handtücher und Laken.
   Falsch
4) Der Bedienstete wird Handtücher bringen und die Laken wechseln.
   Richtig

280

Schlüssel zu den Übungen

Übung 3: 1) Handtücher máojīn 3) Toilettenpapier wèishēngzhǐ
2) Seife féizào   4) Kleiderbügel yījià

Übung 4: 1) Ich brauche eine Rolle Toilettenpapier und drei
Kleiderbügel.
Wǒ xūyào yí juǎn wèishēngzhǐ hé sān ge yījià.
我需要一卷 (juǎn - Rolle) 卫生纸和三个衣架。

2) Meine Lampe ist kaputt.
Wǒ de dēng huàile.
我的灯坏了了。

3) Wer ist da? Kommen Sie bitte später wieder.
Shéi? Qǐng děng yí huìr zài lái.
谁？请等一会儿再来。

4) Sie können jetzt das Zimmer sauber machen. Kön-
nen Sie meine Laken wechseln?
Qǐng xiànzài dǎsǎo wǒ de fángjiān le. Néng huàn
chuángdān ma?
请现在打扫我的房间了。能换床单吗？

5) Bringen Sie bitte ein Stück Seife und zwei Hand-
tücher auf mein Zimmer. Ich bin in Zimmer 312.
Danke.
Qǐng gěi wǒ sòng yī kuài féizào, liǎng tiáo máojīn
lái. Wǒ zhù sān yī èr hào fángjiān. Xièxie.
请给我送一块肥皂，两条毛巾来。我住 312 房
间。谢谢。

Lektion 24

Übung 1: 1) tàijí 太极
2) zhīshǐ   支使
3) zhīshi   知识
4) shízǐ   石子
5) sīzì   私自
6) jīqì   机器
7) shísì bú shì sìshí   十四不是四十
8) shí zhǐ bù yī   十指不一

281

Schlüssel zu den Übungen

9) jījí nǔlì   积极努力

10) shí shì qiú shì   实事求是

Übung 2:   1) Wonach sucht der Deutsche?   Nach der Bibliothek.

2) In welche Richtung soll er gehen?   Geradeaus.

3) Auf welcher Seite der Bibliothek ist das Kino?
   Auf der rechten Seite.

Übung 3:

1) Shāngdiàn pángbian shì   (有)   →   Shāngdiàn pángbian yǒu
   shūdiàn.   (yǒu)   shūdiàn.
   商店旁边是书店。   商店旁边有书店。

2) Déwénxì zài jiàoxuélóu   (是)   →   Déwénxì pángbian shì
   pángbian.   (shì)   jiàoxuélóu.
   德文系在教学楼旁边。   德文系旁边是教学楼。

3) Yínháng pángbian shì   (在)   →   Yóujú zài yínháng páng-
   yóujú.   (zài)   bian.
   银行旁边是邮局。   邮局在银行旁边。

4) Shítáng zài qīhàolóu   (是)   →   Shítáng pángbian shì
   pángbian.   (shì)   qīhàolóu.
   食堂在七号楼旁边。   食堂旁边是七号楼。

5) Mǎlù duìmiàn shì   (有)   →   Mǎlù duìmiàn yǒu
   Zhōngguó Yínháng.   (yǒu)   Zhōngguó Yínháng.
   马路对面是中国银行。   马路对面有中国银行。

6) Shūdiàn hòumiàn yǒu yí   (在)   →   Cèsuǒ zài shūdiàn
   ge cèsuǒ.   (zài)   hòumian.
   书店后面有一个厕所。   厕所在书店后面。

Übung 4:   1) Wo ist die Toilette?

Cèsuǒ zài nǎr?

厕所在哪儿？

2) Wo ist die Germanistik-Abteilung? Sie ist hinter
   dem Unterrichtsgebäude.

Déwénxì zài nǎr? Zài jiàoxuélóu hòubian.

德文系在哪儿？ 在教学楼后边。

Schlüssel zu den Übungen

3) Wie komme ich zur Bank of China? Gehen Sie geradeaus, dann nach links.
Wǒ zěnme zǒu Zhōngguó Yínháng? Yìzhí zǒu, zài zuǒ zhuǎn.
我怎么走中国银行？一直走，再左转。

4) Gibt es hier ein Internetcafé? Das Internetcafé ist links vom Tor.
Fùjìn yǒu wǎngbā ma? Wǎngbā zài dàmén zuǒbian.
附近有网吧吗？网吧在大门左边。

5) Ist das weit? Wie komme ich dahin?
Yuǎn ma? Wǒ zěnme zǒu?
远吗？我怎么走？

6) Entschuldigung, wo ist die Buchhandlung? Gehen Sie geradeaus, an der Bank of China vorbei, dann links.
Qǐng wèn, shūdiàn zài nǎr? Xiān yìzhí zǒu, jīngguo Zhōngguó Yínháng, zài zuǒ zhuǎn.
请问，书店在哪儿？先一直走，经过中国银行，再左转。

7) Ist das Krankenhaus vom Haupttor aus auf der anderen Straßenseite?
Yīyuàn shì dàmén duìmiàn ma?
医院是在大门对面吗？

8) Die Post ist nicht weit.
Yóujú bú yuǎn.
邮局不远。

Lektion 27

Übung 1:

1) juānkuǎn 捐款
2) jùzi 句子
3) zhùzi 柱子
4) wánquán 完全
5) zhuǎnbiàn 转变
6) zhūjuàn 猪圈
7) qǐngqiú 请求
8) shùnlì 顺利
9) yīngxióng 英雄
10) tōngxùn 通讯
11) Chángjiāng 长江
12) zhuījiū 追究
13) shuǐqú 水渠
14) quánlì 权力

283

Schlüssel zu den Übungen

15) jiēchù 接触
16) jùjué 拒绝
17) chūqu 出去

18) jūzhù 居住
19) zhuānzhì 专制
20) zhuīqiú 追求

Übung 2:
1) Wann findet diese Konversation statt?   Um 8 Uhr morgens.

2) Um wie viel Uhr öffnet die Bank?   Um 9 Uhr.

3) Warum will die Deutsche zur Bank gehen? Sie will Geld wechseln.

4) Wo befindet sich die Bank?   Neben der Buchhandlung.

Übung 3:
14:00	xiàwǔ liǎng diǎn	下午两点
16:10	xiàwǔ sì diǎn shí fēn	下午四点十分
18:15	xiàwǔ liù diǎn yīkè	下午六点一刻
9:45	shàngwǔ jiǔ diǎn sānkè	上午九点三刻
10:05	shàngwǔ shí diǎn líng wǔ	上午十点零五
11:00	shàngwǔ shíyī diǎn	上午十一点
8:30	zǎoshàng bā diǎn bàn	早上八点半
7:10	zǎoshàng qī diǎn shí fēn	早上七点十分
12:00	zhōngwǔ shí 'èr diǎn	中午十二点
15:50	xiàwǔ chà shí fēn sì diǎn	下午差十分四点
17:55	xiàwǔ chà wǔ fēn liù diǎn	下午差五分六点
13:00	zhōngwǔ yì diǎn	下午一点

Übung 4:
1) Nǐ zǎoshang **jǐdiǎn** qǐchuáng?
你早上几点 起床？

2) Xiàkè yǐhòu nǐ zuò **shénme**?
下课以后你做什么？

3) Nǐ gēn **shei** yìqǐ qù shāngdiàn?
你跟谁一起去商店？

4) Wǎnshang wǒ qù zhǎo nǐ, **hǎo ma**?
晚上我去找你，好吗？

5) Diànhuàkǎ **duōshao** qián yì zhāng?
电话卡多少钱一张？

6) Cèsuǒ zài **nǎr**?
厕所在哪儿？

Schlüssel zu den Übungen

7) Nǐ xiàwǔ shàngbān **ma**?
你下午上班吗？

Übung 5:

1) Wie spät ist es jetzt? Es ist fünf vor zehn.
Xiànzài jǐ diǎn? Xiànzài chà wǔ fēn shí diǎn.
现在几点？现在差五分十点。

2) Sollen wir heute Abend zusammen Abendessen?
Wǎnshang wǒmen yìqǐ qù chīfàn, hǎo ma?
晚上我们一起去吃饭，好吗？

3) Was machst Du heute? Ich gehe nach dem Englischunterricht ins Internetcafé.
Nǐ jīntiān zuò shénme? Xià Yīngwén kè yǐhòu wǒ qù wǎngbā.
你今天做什么？下英文课以后我去网吧。

4) Es ist jetzt Viertel vor vier. Ich werde mich ausruhen.
Xiànzài chà yí kè sì diǎn. Wǒ xiūxi yí huìr.
现在差一刻四点。我休息一会儿。

5) Wann gehst Du jeden Tag schlafen? Ich gehe oft um elf Uhr zu Bett.
Nǐ měitiān jǐ diǎn shuìjiào? Wǒ chángcháng wǎnshang shíyī diǎn shuìjiào.
你每天几点睡觉？我常常晚上十一点睡觉。

6) Manchmal dusche ich morgens, manchmal abends.
Wǒ yǒushíhou zǎoshang xǐzǎo, yǒushíhou wǎnshang xǐzǎo.
我有时候早上洗澡，有时候晚上洗澡。

7) Ich habe morgens Unterricht, nachmittags gehe ich zur Arbeit.
Wǒ shàngwǔ shàngkè, xiàwǔ shàngbān.
我上午上中文课，下午上班。

8) Meine Arbeit endet um fünf Uhr.
Wǒ xiàwǔ wǔ diǎn xiàbān.
我下午五点下班。

Schlüssel zu den Übungen

Lektion 30

Übung 1:
1) Welcher Tag ist heute?　Donnerstag.
2) Welchen Unterricht hat Sprecherin A heute und um wie viel Uhr?　Sie hat um 14 Uhr Chinesischunterricht.
3) Welches Problem hat sie?　Sie hat vergessen, ihre Hausaufgaben zu erledigen.
4) Um wie viel Uhr findet diese Konversation statt?　Um 9:30 Uhr.

Übung 2:
Montag　xīngqīyī 星期一
Dienstag　xīngqī'èr 星期二
Mittwoch　xīngqīsān 星期三
Donnerstag　xīngqīsì 星期四
Freitag　xīngqīwǔ 星期五
Samstag　xīngqīliù 星期六
Sonntag　xīngqīrì / xīngqītiān 星期日 / 星期天

Übung 3:
Januar　yíyuè 一月
Februar　èryuè 二月
März　sānyuè 三月
April　sìyuè 四月
Mai　wǔyuè 五月
Juni　liùyuè 六月
Juli　qīyuè 七月
August　bāyuè 八月
September　jiǔyuè 九月
Oktober　shíyuè 十月
November　shíyīyuè 十一月
Dezember　shí'èryuè 十二月

Übung 4:
Deutschland:　shíyuè sān hào 十月三号
Österreich:　shíyuè èrshíliù hào 十月二十六号
Volksrepublik China:　shíyuè yí hào 十月一号
Taiwan:　shíyuè shí hào 十月十号

Schlüssel zu den Übungen

Übung 5:

1) Montagmorgen   xīngqīyī shàngwǔ 星期一上午

2) Donnerstag um 15:30 Uhr   xīngqīsì xiàwǔ sān diǎn bàn 星期四下午三点半

3) 3. Oktober 1990   yī jiǔ jiǔ líng nián shíyuè sān hào 一九九零年十月三号

4) 1. Mai 2001   èr líng líng yī nián wǔyuè yí hào 二零零一年五月一号

5) 16. Juli 2004   èr líng líng sì nián qīyuè shíliù hào 二零零四年七月十六号

6) Sonntagnachmittag   xīngqīrì xiàwǔ 星期日下午

Übung 6:

1) **Yì** nián yǒu **shí'èr ge** yuè.
一年有十二个月。

2) **Yí** yuè yǒu **sānshíyī** tiān.
一月有三十一天。

3) **Yí ge** xīngqī yǒu **qī** tiān.
一个星期有七天。

4) **Xià ge** xīngqīsān shì **sān** yuè **shíliù** hào.
下个星期三是三月十六号。

5) **Jīn**nián wǒ shì **èrshí** suì.
今年我是二十岁。

6) **Xià ge** yuè wǒ qù Zhōngguó.
下个月我去中国。

7) Wǒ **měi tiān** yǒu sān jié kè.
我每天有三节课。

Übung 7:

1) Morgen ist Freitag. Ich habe nachmittags Chinesischunterricht.
Míngtiān shì xīngqīwǔ. Wǒ xiàwǔ yǒu Zhóngwén kè.
明天是星期五。我下午有中文课。

2) Unterrichtest Du dienstags und mittwochs Deutsch?
Nǐ xīngqī'èr, xīngqīsān jiāo Yīngyǔ ma? 你星期二，星期三教英语吗？

Schlüssel zu den Übungen

3) Mein Geburtstag ist am 15. Dezember. Ich will meinen Geburtstag in China feiern.

Shí'èr yuè shíwǔ hào shì wǒ de shēngrì. Wǒ xiǎng zài Zhōngguò guò shēngrì.

十二月十五号是我的生日。我想在中国过生日。

4) Jeden Samstag wasche ich meine Wäsche, sonntags schaue ich Fernsehen.

Wǒ měi ge xīngqīliù dòu xǐ yīfu, xīngqīrì kàn diànshì.

我每个星期六都洗衣服，星期日看电视。

5) Am Montag werde ich zur Bank of China gehen, um Geld zu wechseln.

Xīngqīyī wǒ qù Zhōngguó Yínháng huàn qián.

星期一我去中国银行换钱。

Wörterverzeichnis

Schriftzeichen	Pinyin	Deutsch

B

八	bā	acht
吧	bā	Bar; Café
吧	ba	(verwendet, um einen schwachen Imperativ zu bilden, Zustimmung oder Gewissheit auszudrücken, Widerwillen oder Zögern zu zeigen)
八月	bāyuè	August
白	bái	weiß
百	bǎi	hundert
班	bān	Klasse; Schicht; regelmäßig
半	bàn	die Hälfte; halb; teilweise
拌	bàn	mischen, mixen
办	bàn	etwas erledigen, bearbeiten
办公室	bàngōngshì	Büro
镑	bàng	Pfund (Sterling)
爆	bào	kurz in heißem Öl anbraten; explodieren
杯	bēi	Tasse; Glas

Wörterverzeichnis

Schriftzeichen	Pinyin	Deutsch
杯子	bēizi	Tasse; Glas
北	běi	Norden; nördlich
北京	Běijīng	Peking
币	bì	Währung; Geld
边	biān	Seite; Kante
表	biǎo	Formular
别	bié	nicht (Imperativ)
宾	bīn	Gast
宾馆	bīnguǎn	Hotel; Gästehaus
冰	bīng	Eis
饼	bǐng	gebratener Fladen, runder flacher Kuchen
拨	bō	wählen (bei Telefon mit Wählscheibe)
不	bù	nein; nicht
步	bù	Schritt; Marsch
不对	bú duì	falsch
不客气。	Bú kèqi.	Nichts zu danken.
不是。	Bú shì.	Nein, das ist nicht so.
不谢 。	Bú xiè.	Keine Ursache. / Nichts zu danken.

290

Wörterverzeichnis

Schriftzeichen	Pinyin	Deutsch

C

菜	cài	Gericht, Speise; Gemüse
菜单	càidān	Speisekarte
餐	cān	Essen, Mahlzeit
操	cāo	handhaben; ausführen
厕	cè	Toilette
厕所	cèsuǒ	Toilette
茶	chá	Tee
差	chà	fehlen; abweichen
叉子	chāzi	Gabel
常常	chángcháng	oft
炒	chǎo	sautieren, kurz anbraten
炒鸡蛋	chǎojīdàn	Rührei
炒鸡丁	chǎojīdīng	sautiertes, gewürfeltes Hähnchen mit Gemüse
吃	chī	essen
吃饭	chīfàn	(eine Mahlzeit) essen
吃素	chīsù	vegetarisch essen
出	chū	verlassen; herauskommen; hinausgehen
初	chū	Anfang; grundlegend

291

Wörterverzeichnis

Schriftzeichen	Pinyin	Deutsch
出生	chūshēng	geboren werden
床	chuáng	Bett
床单	chuángdān	Bettlaken
春	chūn	Frühling
此	cǐ	dies, diese(r,s)
葱	cōng	Frühlingszwiebel
葱爆	cōngbào	mit Frühlingszwiebeln gebraten
醋	cù	Essig

D

打	dǎ	machen, tätigen (einen Anruf); schlagen; spielen (Ballspiele)
打电话	dǎ diànhuà	telefonieren
打扫	dǎsǎo	säubern, reinigen
大	dà	groß; alt (im Kontext Alter)
大门	dàmén	Haupttor, Haupteingang
大学	dàxué	Universität, Hochschule
单	dān	einzeln; Liste, Karte
蛋	dàn	Ei
道	dào	Straße, Weg
的	de	(Funktionswort)

Wörterverzeichnis

Schriftzeichen	Pinyin	Deutsch
德国	Déguó	Deutschland
德国人	Déguórén	Deutsche(r)
德文	Déwén	Deutsch, deutsche Sprache und Literatur
德文系	Déwénxì	Germanistik-Abteilung
德语	Déyǔ	Deutsch, deutsche Sprache
灯	dēng	Lampe
等	děng	warten
第	dì	(Präfix für Ordinalzahlen)
地	dì	Erde; Feld; Ort
地区	dìqū	Gebiet, Region
地址	dìzhǐ	Adresse
点	diǎn	Uhr; Punkt; bestellen, auswählen
店	diàn	Geschäft, Laden
电	diàn	Elektrizität; elektrisch
电话	diànhuà	Telefon
电话卡	diànhuàkǎ	Telefonkarte
电视	diànshì	Fernseher
电影	diànyǐng	Film
丁	dīng	gewürfelt (z.B. Fleisch)

293

Schriftzeichen	Pinyin	Deutsch
东	dōng	Osten; östlich
都	dōu	alle
豆	dòu	Bohnen, Erbsen
对	duì	richtig, korrekt
兑	duì	wechseln, umtauschen
兑换单	duìhuàndān	Formular zum Geld wechseln
对面	duìmiàn	gegenüber, auf der anderen Seite
多大	duōda	wie alt
多少	duōshao	wie viel; wie viele

E

饿	è	hungrig; Hunger
二	èr	zwei

F

法国	fǎguó	Frankreich
法学院	fǎxuéyuàn	Institut für Jura
饭	fàn	eine Mahlzeit; gekochter Reis
饭馆(儿)	fànguǎn(r)	Restaurant
翻译	fānyì	Übersetzer, Dolmetscher; übersetzen, dolmetschen
房	fáng	Haus; Zimmer

Wörterverzeichnis

Schriftzeichen	Pinyin	Deutsch
房间	fángjiān	Raum, Zimmer
肥皂	féizào	Seife
分	fēn	(Währungseinheit, ¥ 0,01); Minute
分钟	fēnzhōng	Minute
腐	fǔ	verkommen, verfaulen, verderben
附近	fùjìn	nahe bei; in der Nähe

G

港	gǎng	Hafen
港币	Gǎngbì	Hongkong Dollar (HK$)
告诉	gàosu	sagen, erzählen, mitteilen
个	ge/gè	(Zähleinheitswort für Personen oder Dinge, kann stellvertretend für andere Zähleinheitswörter stehen)
给	gěi	für, an; zu; geben
跟	gēn	mit
公	gōng	öffentlich, staatlich
宫保	gōngbǎo	ein scharfes Gericht mit gewürfeltem Fleisch
公司	gōngsī	Firma, Unternehmen

Schriftzeichen	Pinyin	Deutsch
工作	gōngzuò	arbeiten; Arbeit, Job
瓜	guā	Melone, Kürbis
馆	guǎn	Halle; Laden
贵	guì	teuer; wertvoll
国	guó	Land
过	guò	passieren; überqueren; feiern; (Zeit) verbringen; durchgehen
过生日	guò shēngrì	Geburtstag haben

H

还	hái	zusätzlich, noch, außerdem
寒	hán	kalt
汉语	Hànyǔ	Chinesisch
行	háng/xíng	Beruf; gehen; in Ordnung
号	hào	Nummer, Zahl; Größe; Datum
好	hǎo	gut; in Ordnung; okay
好吧!	Hǎo ba!	Okay! Einverstanden!
好吗?	Hǎo ma?	Ist das in Ordnung? Einverstanden?
喝	hē	trinken
和	hé	und
很	hěn	sehr

Schriftzeichen	Pinyin	Deutsch
红	hóng	rot
后	hòu	hinten; hinter
后边	hòubian	hintere Seite; hinten
后天	hòutiān	übermorgen
护	hù	bewachen, schützen
护照	hùzhào	Reisepass
花	huā	(Geld) ausgeben; Blume
话	huà	Wort; Sprache
坏	huài	schlecht; kaputt; verdorben
坏了	huài le	außer Betrieb; kaputt gegangen
换	huàn	wechseln, tauschen
黄	huáng	gelb
回	huí	zurückkehren; zurückgeben
婚	hūn	heiraten; Ehe

J

机	jī	Maschine; Gerät; Gelegenheit
鸡	jī	Huhn
几	jǐ	wie viel(e); einige, wenige
几点	jǐ diǎn	wie viel Uhr
加	jiā	addieren; plus

Wörterverzeichnis

Schriftzeichen	Pinyin	Deutsch
家	jiā	Familie; Zuhause
假	jiǎ/jià	falsch; Ferien; Feiertag
间	jiān	zwischen
见	jiàn	treffen; sehen; besuchen
酱	jiàng	Sojabohnenpaste; etwas in Sojasoße einlegen
教	jiāo/jiào	unterrichten
椒	jiāo	Pfeffer
角	jiǎo	(Währungseinheit, ¥ 0,10)
饺	jiǎo	Teigtasche mit Fleisch- und Gemüsefüllung
叫	jiào	heißen; rufen
教学楼	jiàoxuélóu	Unterrichtsgebäude
鸡蛋	jīdàn	Ei
鸡蛋汤	jīdàntāng	Eiersuppe
鸡丁	jīdīng	gewürfeltes Hähnchen
几号	jǐhào	welches Datum (des Monats); welche Nummer
街	jiē	Straße
节	jié	Feiertag; Ferien; Abschnitt
进	jìn	eintreten, hereinkommen

Schriftzeichen	Pinyin	Deutsch
禁	jìn	verbieten; Verbot
今年	jīnnián	dieses Jahr
今天	jīntiān	heute
京	jīng	Hauptstadt
经过	jīngguò	passieren; vorbeikommen
境	jìng	Grenze; Territorium; Zustand
九	jiǔ	neun
酒	jiǔ	Alkohol; Wein
桔	jú	Orange; Mandarine
局	jú	Büro

K

咖啡	kāfēi	Kaffee
卡	kǎ	Karte
开	kāi	öffnen; einschalten, bedienen
看	kàn/kān	sehen, betrachten; auf etwas aufpassen
课	kè	Klasse; Unterricht
刻	kè	Viertelstunde
可乐	kělè	Cola (Kurzform von 可口可乐 Kěkǒu Kělè)

Schriftzeichen	Pinyin	Deutsch
可能	kěnéng	können, möglich sein; vielleicht
可以	kěyǐ	können, dürfen; die Erlaubnis haben
块	kuài	(Währungseinheit, ¥ 1,00, umgangssprachlich für 元 yuán); (Zähleinheitswort für Stücke, klumpenförmige Dinge); Stück
筷子	kuàizi	Essstäbchen

L

Schriftzeichen	Pinyin	Deutsch
辣	là	scharf
来	lái	kommen; bringen
了	le	(Partikel, die eine Situationsänderung oder eine abgeschlossene Handlung anzeigt)
乐	lè	glücklich
冷	lěng	kalt, kühl
冷饮	lěngyǐn	kaltes Getränk
里	lǐ	intern; in; innen; innere; (chinesische Maßeinheit)
凉	liáng	kühl, kalt
两	liǎng	zwei

Wörterverzeichnis

Schriftzeichen	Pinyin	Deutsch
料	liào	Material; Zutaten
零	líng	null
龄	líng	Alter; Dauer
留学生	liúxuéshēng	Austauschstudent, Student im Ausland
六	liù	sechs
楼	lóu	mehrstöckiges Gebäude; Stockwerk, Etage
路	lù	Straße; Weg
绿	lǜ	grün

M

Schriftzeichen	Pinyin	Deutsch
吗	ma	(Fragepartikel)
马	mǎ	Pferd
马路	mǎlù	Straße
买	mǎi	kaufen
卖	mài	verkaufen
买单	mǎidān	(im Restaurant) bezahlen; Rechnung
馒头	mántou	gedämpftes Brot (ähnlich wie Dampfnudel)
毛	máo	(Währungseinheit, ¥ 0,10, umgangssprachlich für 角 jiǎo)

Wörterverzeichnis

Schriftzeichen	*Pinyin*	*Deutsch*
毛巾	máojīn	Handtuch
没	méi	nicht; nicht haben (Kurzform von 没有 méiyǒu)
没有	méiyǒu	nicht haben; nein
每	měi	jede(r,s)
每个	měi ge	jede
每个星期	měi ge xīngqī	jede Woche; wöchentlich
每天	měi tiān	jeden Tag
美	měi	schön
美国	Měiguó	Amerika
门	mén	Eingang; Tür; Tor
米	mǐ	Reis; Meter
米饭	mǐfàn	gekochter Reis
面	miàn	Mehl; Oberfläche; Seite
面条	miàntiáo	Nudeln
民	mín	Volk, Bürger
名	míng	Name; Ruhm
明	míng	nächste(r,s); hell
明年	míngnián	nächstes Jahr
明天	míngtiān	morgen

Wörterverzeichnis

Schriftzeichen	Pinyin	Deutsch
末	mò	Ende; letzte(r,s)

N

Schriftzeichen	Pinyin	Deutsch
哪	nǎ	welche(r,s); was
哪个	nǎ ge	welche(r,s)
那	nà/nèi	das, jene(r,s)
那个	nà ge/nèi ge	das, jene(r,s)
哪年	nǎnián	welches Jahr
奶	nǎi	Milch; Brust
男	nán	Mann; männlich
南	nán	Süden; südlich
哪儿/ 哪里	nǎr/nǎli	wo
那儿/ 那里	nàr/nàli	dort
呢	ne	(Fragepartikel)
内	nèi	innen
能	néng	können, in der Lage sein
你	nǐ	du
你的	nǐ de	dein(e)
你好	nǐ hǎo	Guten Tag; Hallo

Schriftzeichen	Pinyin	Deutsch
你们	nǐmen	ihr (Plural)
年	nián	Jahr
您	nín	Sie (Höflichkeitsform)
您的	nín de	Ihr(e) (Höflichkeitsform)
您贵姓?	Nín guì xìng?	Wie heißen Sie?
牛	niú	Kuh
牛肉	niúròu	Rindfleisch
女	nǚ	Frau; weiblich

O

欧洲	Ōuzhōu	Europa
欧元	Ōuyuán	Euro

P

盘子	pánzi	Teller
旁	páng	Seite; neben
旁边	pángbian	Seite; neben, bei
朋友	péngyou	Freund(in)
啤酒	píjiǔ	Bier
片	piàn	Streifen; dünnes Stück
瓶	píng	Flasche

Wörterverzeichnis

Schriftzeichen	Pinyin	Deutsch

Q

七	qī	sieben
期	qī	Periode; Zeitraum, erwarten
汽车站	qìchēzhàn	Bushaltestelle
起床	qǐchuáng	aufstehen
千	qiān	tausend
签	qiān	unterschreiben; eine Beschriftung
钱	qián	Geld
前	qián	vor; vorne; vorwärts; vorhergehend
前边	qiánbian	vorne; vor
前天	qiántiān	vorgestern
签字	qiānzì	unterschreiben
青	qīng	türkis
请	qǐng	bitten; einladen
请问	qǐng wèn	Entschuldigen Sie bitte (höfliche Einleitung vor Fragen)
去	qù	hingehen; weg (bezeichnet nach einem Verb die Richtung weg vom Sprecher); Vergangenheit; früher

305

Wörterverzeichnis

Schriftzeichen	Pinyin	Deutsch
去年	qùnián	letztes Jahr

R

人	rén	Mensch, Person
人民	rénmín	Volk
人民币	Rénmínbì	Volkswährung (RMB, ¥)
肉	ròu	Fleisch
入	rù	eintreten; beitreten

S

三	sān	drei
三刻	sānkè	Dreiviertelstunde
商	shāng	Unternehmen
商店	shāngdiàn	Geschäft
上	shàng	letzte(r,s); obere; hinaufgehen; einsteigen
上班	shàngbān	zur Arbeit gehen; ins Büro gehen
上车	shàngchē	einsteigen
上个星期	shàng ge xīngqī	letzte Woche
上个月	shàng ge yuè	letzter Monat
上课	shàngkè	Unterricht haben

Wörterverzeichnis

Schriftzeichen	Pinyin	Deutsch
上午	shàngwǔ	Vormittag; vormittags
商学院	shāngxué-yuàn	Institut für Wirtschaftswissen-schaften
烧	shāo	kochen
勺子	sháozi	Löffel
谁	shéi/shuí	wer
生	shēng	zur Welt bringen, gebären, geboren werden; Leben; roh
生日	shēngrì	Geburtstag
什么	shénme	was
十	shí	zehn
时	shí	Zeit; Stunde
食堂	shítáng	Cafeteria; Mensa
是	shì	sein; ja, korrekt, richtig
室	shì	Raum; Zimmer
市场	shìchǎng	Markt
是不是?	Shì bú shì?	Ist das so? / Stimmt das?
收	shōu	entgegennehmen, erhalten
手	shǒu	Hand
书	shū	Buch
数	shǔ	zählen

307

Wörterverzeichnis

Schriftzeichen	Pinyin	Deutsch
暑	shǔ	Hitze, heißes Wetter
数	shù	Zahl
书店	shūdiàn	Buchladen
双	shuāng	doppelt; Paar
谁	shuí/shéi	wer
水	shuǐ	Wasser
睡觉	shuìjiào	zu Bett gehen; schlafen
睡午觉	shuì wǔjiào	Mittagsschlaf halten
丝	sī	Seide; in Streifen geschnitten
四	sì	vier
四月	sìyuè	April
送	sòng	senden; liefern
素	sù	schlicht; pflanzliches Nahrungsmittel
素菜	sùcài	vegetarisches Gericht
宿舍	sùshè	Studentenwohnheim
酸	suān	sauer
酸辣汤	suānlàtāng	sauer-scharfe Suppe
岁	suì	Alter
所	suǒ	Platz, Stelle; (Zähleinheitswort für Gebäude)

Wörterverzeichnis

Schriftzeichen	Pinyin	Deutsch
T		
他	tā	er
他们	tāmen	sie (Plural)
她	tā	sie (Singular)
台	tái	Plattform
太	tài	zu, zu sehr; extrem
汤	tāng	Suppe
糖	táng	Zucker; Süßwaren
糖醋	tángcù	süß-sauer
天	tiān	Tag
条	tiáo	(Zähleinheitswort für lange, dünne Dinge)
通	tōng	führen zu; verbinden; offen
头	tóu	Kopf
图	tú	Bild; Landkarte
图书馆	túshūguǎn	Bibliothek
W		
外	wài	ausländisch; außen, extern
外币	wàibì	Fremdwährung
外国	wàiguó	Ausland
外国人	wàiguórén	Ausländer(in)

309

Wörterverzeichnis

Schriftzeichen	Pinyin	Deutsch
外教	wàijiào	ausländischer Lehrer (Kurzform von 外国教师 wàiguó jiàoshī)
外事处	wàishìchù	Ausländeramt
丸	wán	Klößchen
碗	wǎn	Schale, Schüssel
晚	wǎn	Abend; spät
晚饭	wǎnfàn	Abendessen
万	wàn	zehntausend
晚上	wǎnshang	Abend, abends
网	wǎng	Netz; Internet
往	wǎng/wàng	gehen; nach; in Richtung auf
网吧	wǎngbā	Internetcafé
喂	wèi	Hallo (am Telefon)
位	wèi	Ort; Position
卫生纸	wèishēngzhǐ	Toilettenpapier
文	wén	Literatur; Schrift
问	wèn	fragen
我	wǒ	ich
我的	wǒ de	mein(e)
我们	wǒmen	wir

Wörterverzeichnis

Schriftzeichen	Pinyin	Deutsch
五	wǔ	fünf
勿	wù	nicht
午	wǔ	Mittag
午饭	wǔfàn	Mittagessen

X

Schriftzeichen	Pinyin	Deutsch
西	xī	Westen; westlich
习	xí	üben; gewohnt sein; Gewohnheit
洗	xǐ	waschen
洗衣服	xǐ yīfu	Wäsche waschen
洗澡	xǐzǎo	duschen; baden
系	xì	Abteilung (an einer Universität)
虾	xiā	Garnele
下	xià	hinuntergehen; aussteigen; unten; nächste(r,s)
下班	xiàbān	von der Arbeit kommen, Feierabend haben
下个	xià ge	nächste; spätere
下个星期	xià ge xīngqī	nächste Woche
下个月	xià ge yuè	nächster Monat

Wörterverzeichnis

Schriftzeichen	Pinyin	Deutsch
下课	xiàkè	Unterrichtsende; Unterricht beenden
先	xiān	zuerst, erst
现在	xiànzài	jetzt, gerade
香	xiāng	duftend, appetitanregend
想	xiǎng	wollen; denken; mögen
小	xiǎo	klein, jung
小姐	xiǎojie	Fräulein
下午	xiàwǔ	Nachmittag; nachmittags
些	xiē	einige; etwas
谢谢	xièxie	danke
新	xīn	neu; frisch
星	xīng	Stern
行	xíng/háng	Beruf; gehen; in Ordnung
姓	xìng	Nachname; heißen
性	xìng	Geschlecht; Eigenschaft, Charakter
星期	xīngqī	Woche
星期二	xīngqī'èr	Dienstag; dienstags
星期几	xīngqījǐ	welcher Wochentag
星期六	xīngqīliù	Samstag; samstags

Wörterverzeichnis

Schriftzeichen	Pinyin	Deutsch
星期日	xīngqīrì	Sonntag; sonntags
星期三	xīngqīsān	Mittwoch; mittwochs
星期四	xīngqīsì	Donnerstag; donnerstags
星期天	xīngqītiān	Sonntag; sonntags
星期五	xīngqīwǔ	Freitag; freitags
星期一	xīngqīyī	Montag; montags
修	xiū	reparieren
休息	xiūxi	sich ausruhen
需要	xūyào	brauchen
学	xué	studieren, lernen; Schule, Wissen
学校	xuéxiào	Schule

Y

鸭	yā	Ente
要	yào	wollen; brauchen; müssen
也	yě	auch
业	yè	Beruf; Branche
一	yī	eins
以	yǐ	um; durch; mittels; gemäß
亿	yì	hundert Millionen
一百	yìbǎi	einhundert

313

Schriftzeichen	Pinyin	Deutsch
(一)点儿	(yì)diǎnr	ein wenig; etwas
衣服	yīfu	Kleidung
一共	yígòng	insgesamt
以后	yǐhòu	nachdem; nach; später, hinterher
一会儿	yí huìr	einen Augenblick, einen Moment
衣架	yījià	Kleiderbügel
一刻	yí kè	Viertelstunde
姻	yīn	Heirat; angeheiratete Verwandtschaft
银	yín	Silber
银行	yínháng	Bank
饮	yǐn	Getränk; trinken
饮料	yǐnliào	Getränk
营	yíng	leiten; suchen
英国	Yīngguó	England
英国人	Yīngguórén	Engländer(in)
英语	Yīngyǔ	Englisch
一起	yìqǐ	zusammen
以前	yǐqián	vorher; früher

Wörterverzeichnis

Schriftzeichen	*Pinyin*	*Deutsch*
医院	yīyuàn	Krankenhaus
一直	yìzhí	gerade; geradeaus; immer weiter
用	yòng	benutzen; anwenden
由	yóu	wegen, durch; Grund; Ursache
油	yóu	Öl, Fett
邮局	yóujú	Postamt
有	yǒu	haben; es gibt
有时候	yǒu shíhòu	manchmal, gelegentlich
右	yòu	rechts; rechterhand
右边	yòubian	rechte Seite; rechts
鱼	yú	Fisch
语言	yǔyán	Sprache; Worte
元	yuán	(Währungseinheit, ¥ 1,00)
圆	yuán	(Währungseinheit, formelle Schreibweise von 元 yuán)
园	yuán	Garten
远	yuǎn	weit, fern
月	yuè	Monat

315

Wörterverzeichnis

Schriftzeichen	Pinyin	Deutsch
Z		
在	zài	in; auf; an, bei; existieren; sich befinden, (an einem Ort) sein
再	zài	wieder; noch
再来	zài lái	wiederkommen, zurückkommen
早	zǎo	Morgen; früh
早饭	zǎofàn	Frühstück
早上	zǎoshang	Morgen; morgens
怎么	zěnme	wie; auf welche Art
炸	zhá	in Öl frittieren
找	zhǎo	suchen; Wechselgeld geben
照	zhào	fotografieren
这	zhè/zhèi	dies, diese(r,s)
这边	zhèbian	diese Seite; hier
这个	zhè ge/ zhèi ge	dies, diese(r,s)
这个星期	zhè ge xīngqī	diese Woche
这个月	zhè ge yuè	dieser Monat
这些	zhèxiē	diese (Plural)

Wörterverzeichnis

Schriftzeichen	Pinyin	Deutsch
蒸	zhēng	dämpfen; dünsten
正	zhēng/zhèng	erster (im Mondkalender); gerade (Adverb zur Kennzeichnung der Verlaufsform); aufrecht
证	zhèng	Zertifikat, Beweis; beweisen
这儿/这里	zhèr/zhèli	hier
汁	zhī	Saft
直	zhí	gerade; vertikal; direkt
职	zhí	Arbeit; Anstellung
止	zhǐ	beenden, anhalten, stoppen
只	zhǐ	nur, lediglich
只有	zhǐyǒu	nur; nur wenn
钟	zhōng	Uhr
中	zhōng	Mitte
中国	Zhōngguó	China
中国人	Zhōngguórén	Chinese, Chinesin
中国银行	Zhōngguó Yínháng	Bank of China
中间	zhōngjiān	mittig, inmitten; dazwischen
钟头	zhōngtóu	Stunde

317

Schriftzeichen	Pinyin	Deutsch
中文	Zhōngwén	Chinesisch
中文系	zhōngwénxì	Sinologie-Abteilung
中午	zhōngwǔ	Mittag; mittags
周	zhōu	Woche; Kreislauf
周末	zhōumò	Wochenende
猪	zhū	Schwein
住	zhù	wohnen
猪肉	zhūròu	Schweinefleisch
转	zhuǎn	drehen; wechseln; abbiegen
子	zǐ	Sohn; klein; Samen
自	zì	selbst; von
走	zǒu	gehen; verlassen; weggehen
昨天	zuótiān	gestern
左	zuǒ	links, linkerhand
左边	zuǒbian	linke Seite; links
坐	zuò	sitzen
做	zuò	machen; als ... dienen
作	zuò	machen; fertigen; als ... dienen; schreiben

büffel(n) ist out

Langenscheidt Sprachführer Chinesisch

Ein Sprachführer für Urlaubsreisende und Geschäftsleute, die sich auf der Reise in China verständigen wollen, ohne die Sprache zu erlernen.

- durchgehend mit **chinesischer Schrift** zum Zeigen
- alle Wörter und Sätze auch in der offiziellen **Umschrift Pinyin**
- landeskundliche Tipps und viele Fotos
- mit leicht verständlicher **Kurzgrammatik** und einem **Wörterbuchteil**

Langenscheidt Sprachführer gibt es für 24 Sprachen

Downloads, Infos & mehr
www.langenscheidt.de

Langenscheidt
...weil Sprachen verbinden

Sprachen verbinden

Langenscheidt Taschenwörterbücher

Die millionenfach bewährten Standardwörterbücher für Schule, Alltag und Beruf:

- bis zu rund 130.000 Stichwörter und Wendungen
- aktueller Wortschatz mit zahlreichen Anwendungsbeispielen
- Bedeutungsunterscheidungen und Grammatikangaben zum sicheren Übersetzen und aktiven Formulieren
- Info-Fenster zu Wortschatz, Grammatik und Landeskunde für Englisch, Französisch, Italienisch und Spanisch

Langenscheidt Taschenwörterbücher gibt es für fast 20 Sprachen.

Downloads, Infos & mehr

Langenscheidt
...weil Sprachen verbinden